Rudolf Augstein Stiftung (Hg.)

Follow the science – aber wohin?

Wissenschaft, Macht und Demokratie
im Zeitalter der Krisen

Rudolf Augstein Stiftung (Hg.)

Follow the science – aber wohin?

Wissenschaft, Macht und Demokratie
im Zeitalter der Krisen

Ch.Links VERLAG

Auch als **e book** erhältlich

Die Deutsche Nationalbibliothek verzeichnet diese
Publikation in der Deutschen Nationalbibliografie;
detaillierte bibliografische Angaben sind im Internet über
www.dnb.de abrufbar.

Ch. Links Verlag ist eine Marke
der Aufbau Verlage GmbH & Co. KG

© Aufbau Verlage GmbH & Co. KG, Berlin 2022
www.christoph-links-verlag.de
Prinzenstraße 85, 10969 Berlin
Umschlaggestaltung: zero-media.net, München
Satz: Britta Dieterle, Berlin
Lektorat: Birgit Schmitz, Berlin
Druck und Bindung: Druckerei F. Pustet, Regensburg
Gedruckt auf säurefreiem, chlorfrei gebleichtem Papier

ISBN 978-3-96289-158-9

Inhalt

Jakob Augstein
Vorwort   7

Barbara Prainsack
Politik und Wissenschaft
in der Gesundheitskrise   11

Alexander Bogner
Konsenspolitik. Wie die Wissenschaft
in der Krise zum politischen Akteur wird   25

Heribert Prantl
Grundrechte in Quarantäne   43

Markus Gabriel   55
Der blinde Fleck der Komplexität –
die Wissenschaften in der Krise

Caspar Hirschi
Zur problematischen Vorbildfunktion
der Klimakrise für die Corona-Krise   73

Wolfgang Merkel
Demokratische Resilienz in Zeiten
der Transformation   99

Olivia Mitscherlich-Schönherr
Kluges Handeln in der Krise – eine kritische
Phänomenologie politischer Klugheit   117

Sibylle Anderl
Das Modellzeitalter   141

Thorsten Faas und Mona Krewel
Interaktionen von Politik und Wissenschaft
in der Mediengesellschaft: Stimmenfang,
Vorlesung oder Unterhaltung?   159

Viola Priesemann
Raus aus der akademischen Blase – die
neuen Herausforderungen für die Wissenschaft
im Umgang mit Öffentlichkeit und Medien
Interview von Sibylle Anderl   173

Biografien der Beiträger:innen   191

Jakob Augstein

Vorwort

Die Geschichte der Corona-Krise sollte jetzt geschrieben werden. Die Zeit eilt. Eine Krise jagt die nächste. »Corona« ist noch gar nicht richtig vorbei, da kommt schon »Klima«. Krisen sind jetzt überhaupt der Normalfall. Vielleicht war das in Wahrheit schon immer so. Aber in letzter Zeit fühlen wir uns besonders verwundbar.

Die Pandemie hatte ungeheure Ausmaße. Aber sie waren überschaubar im Vergleich zu den viel größeren Verwüstungen, die der menschengemachte Klimawandel noch anrichten wird. Beiden Krisen ist gemeinsam, dass sie von den nicht intendierten Folgen menschlichen Tuns erzählen und von der Frage, wie wir damit umgehen. Es wäre ja ein Missverständnis, COVID-19 als Naturphänomen zu verstehen. Dieses Corona-Virus, das vermutlich von einer Fledermaus über einen Zwischenwirt auf den Menschen übergesprungen ist, hat mit der Natur ebenso viel oder wenig zu tun, wie der Starkregen, der im Sommer 2021 das einst idyllische Ahrtal verwüstet hat. Beiden Krisen ist auch gemeinsam, dass sie sich im Dreieck zwischen Wissenschaft, Öffentlichkeit und Politik abspielen.

Die Corona-Krise ist darum ein Lehrstück für die Klima-Krise. Es ist nicht übertrieben zu sagen, dass unser Leben davon abhängt, wie gut oder schlecht der Austausch in diesem Dreieck aus Wissenschaft, Öffentlichkeit und Politik funktioniert.

Also: Hat er gut funktioniert? Das vorliegende Buch versammelt Aufsätze, die dieser Frage nachgehen. Die meisten wurden für eine Tagung verfasst, die die Rudolf Augstein Stiftung im Herbst 2021 in Berlin abgehalten hat. Zu dieser Tagung waren

Politikwissenschaftler:innen und Philosoph:innen, Journalist:innen und Soziolog:innen eingeladen. Es wurde dort nicht über das Virus gesprochen – sondern darüber, was es für die Gesellschaft bedeutet. Das ist weniger banal als es scheint. Denn in den Jahren 2020 und 2021 hatte sich die Gesellschaft beinahe daran gewöhnt, das miteinander zu verwechseln. Das war eine der sonderbarsten Beobachtungen während dieser Krise und sie ist von Gewicht für das, was uns in der Klimakatastrophe noch droht.

In einer idealen Welt würde die Wissenschaft Informationen liefern. Die Öffentlichkeit würde sie debattieren. Und die Politik Entscheidungen treffen. In der Realität handelt es sich aber um miteinander verknüpfte Systeme, die sich berühren, überlagern und aufeinander wirken – und gleichzeitig ihren eigenen Regeln gehorchen. Es entstehen Verwirrungen, wenn das in Vergessenheit gerät, auch dafür ist die Corona-Krise ein Lehrstück. Wer die Geschichte dieser Krise schreiben will, braucht einen großen Zettelkasten, auf dem steht: »Missverständnisse«.

Es beginnt schon bei den Begriffen: Wissenschaft? Warum überhaupt Wissenschaft – und nicht zum Beispiel die Kunst? Auf der Suche nach Orientierung hätten sich die Menschen ja auch an die Kunst wenden können, an die Literatur oder ans Theater. Aber wenn man das aufschreibt, merkt man gleich, wie sonderbar und abwegig das klingt. Die Menschen befanden sich im Angesicht einer unbekannten Bedrohung und waren auf der Suche nach der Wahrheit – und Kunst liefert keine Wahrheit, Wissenschaft schon. Oder?

Und noch eins: Wer »Wissenschaft« sagte, sprach unausgesprochen eigentlich immer von der Naturwissenschaft. Es waren nicht in erster Linie die Politolog:innen oder Philosoph:innen, die in den Talkshows die Pandemie begleitet haben – sondern Virolog:innen und Physiker:innen. Genau gesagt: Auf eine:n Nicht-Naturwissenschaftler:in kamen zwei Mediziner:innen oder zwei Virolog:innen im Fernsehen.

Wir haben in den vergangenen zwei Jahren einen ungebrochenen (Natur-)Wissenschaftspositivismus erlebt. Das ist für jemanden, der sich noch an die skeptische, um nicht zu sagen feindliche Haltung erinnert, die die deutsche Öffentlichkeit in den siebziger und achtziger Jahren gegenüber Atomkraft und Chemieindustrie und dann später gegenüber der Gentechnik an den Tag legte, eine Überraschung gewesen.

Eckhard Nagel, der Direktor des Instituts für Medizinmanagement und Gesundheitswissenschaften der Universität Bayreuth und früher Mitglied im Ethikrat, hat in diesem Zusammenhang an die Begeisterung erinnert, die einmal die Mondlandung ausgelöst hat und die erste Herztransplantation in Südafrika. Er ist also bis ans Ende der 1960er Jahre zurückgegangen, um eine Situation zu finden, in der sich von der Wissenschaft ausgehend ein solches Gefühl der Ermutigung ausgebreitet hat. Erst in der Pandemie haben Naturwissenschaftler:innen wieder eine vergleichbare Zuneigung erfahren. Wer den medialen Werdegang des Virologen Christian Drosten verfolgt hat, wird dieses Wort angemessen finden.

Da war ein großes Vertrauen, ja, beinahe eine Sehnsucht – nach Erlösung von Streit und Unsicherheit und nach klaren, eindeutigen Antworten. Die Leitsätze der Klimabewegung Fridays for Future – »Follow the science«, oder auch: »Unite behind the science« – waren auch das Mantra der Corona-Krise.

Aber als die Öffentlichkeit der Wissenschaft so vertraute, hatte sie da wirklich verstanden, wie die Wissenschaft arbeitet? Und wusste die Wissenschaft, worauf sie sich einlässt, wenn sie so ungeschützt ins Offene geht, wie zum Beispiel jener Drosten es in seinem legendären NDR-Podcast getan hat? In dem Maße, in dem Wissenschaftler:innen sich in die Öffentlichkeit wagten, erzeugten sie dort – ob sie es wollten oder nicht – Erwartungen, die schwer zu erfüllen waren. Ihre Äußerungen konnten gar nicht so eindeutig, widerspruchsfrei und schlüssig sein, wie sich Leser:innen, Zuschauer:innen und Hörer:innen das wünschten.

Ähnlich problematisch waren die Wechselwirkungen zwischen Medien und Wissenschaft. Haben Journalist:innen über die Arbeit der Wissenschaftler:innen nur geschrieben – oder haben sie diese geprägt? Und was wäre daraus zu lernen, für Wissenschaftler:innen und Journalist:innen?

Geradezu unlösbar war die Aufgabe der Politik in der Krise: Ohne zuverlässige Informationen und in unsicherer Lage war sie beständig zum Handeln gezwungen und musste dabei eine Fülle unbekannter Variablen gegeneinander abwägen. Es ist darum nicht erstaunlich, dass die deutsche Corona-Politik von einem paradoxen Zug gekennzeichnet war: Einer martialischen Rhetorik stand eine vergleichsweise maßvolle Realität gegenüber. Die Mehrzahl der Medien wiederum begleitete das nicht mit Verständnis, sondern mit ätzender Kritik.

Christian Drosten sagte Ende 2021, eine Rückbesinnung nach der Corona-Krise sei in der Politik, der Wissenschaft und unbedingt auch im Journalismus nötig. Er sagte: »Wir werden noch lange zu knabbern haben an der Aufarbeitung der Pandemie.« Dazu will der vorliegende Band einen Beitrag leisten.

Jakob Augstein, Januar 2022

PS: Die Mitschnitte der Tagung sowie zwei wissenschaftliche Studien zur Qualität der Corona-Berichterstattung sind online verfügbar unter https://rudolf-augstein-stiftung.de/follow-the-science/

Barbara Prainsack
Politik und Wissenschaft in der Gesundheitskrise

Im Frühsommer 2021 schrieb der US-amerikanische Drehbuchautor und Schriftsteller Ed Solomon auf Twitter: »Ich hasse es, dass man in unserem Land immer gleich über Politik spricht, wenn man über Wissenschaft redet.« Sein Tweet wurde über 7000 Mal geteilt und mit fast 70 000 Likes versehen. Anscheinend hatte seine Nachricht einen Nerv getroffen.

Aber welches Problem spricht Solomon hier an? Dass nicht mal mehr die Wissenschaft, die ein Hort der Objektivität und Unparteilichkeit sein sollte, vor der Politik sicher ist? Es gab auch einmal eine Zeit, in der eine sich politisch verstehende Wissenschaft als wichtig und wünschenswert erachtet wurde. Mit »politisch« ist hier allerdings keine parteiliche oder ideologische Positionierung gemeint, sondern eine Wissenschaft, die sich ihrer gesellschaftlichen Verantwortung gewahr ist. In den 1960er Jahren gab es innerhalb der wissenschaftlichen Community etwa hitzige Debatten darüber, inwiefern eine Wissenschaft, die aus denselben Geldtöpfen und von denselben Institutionen unterstützt wird, die auch Kriege und Kolonialismus finanzieren, ein Teil des Problems ist, und nicht Teil der Lösung. Menschen, die sich in Organisationen wie der länderübergreifende Radical-Science-Initiative oder der Science-for-the-People-Bewegung in den USA engagierten, sahen es als ihre demokratische Pflicht an, die Wissenschaft auf diese Weise zu politisieren. So auch der britische Nobelpreisträger Maurice Wilkins, der in seiner Eröffnungsrede der Gründungsveranstaltung der Britischen Gesellschaft für Soziale Verantwortung in der Wissenschaft (BSSRS) von einer Krise der Wissenschaft sprach (Bell 2013). Als Ursache dieser Krise wurde nicht etwa das fehlende wissenschaftliche Verständnis oder Vertrauen der Öffentlichkeit beklagt – wie es heute oft der Fall ist, wenn jemand von einer Krise der Wissenschaft spricht. Vielmehr wurde die Ordnung der Gesellschaft, die unweigerlich auch die Organisation und Praktiken der Wissenschaft prägte, als Ursache für diese Krise gesehen. Die bestehende Wirtschaftsordnung, Imperialismus sowie patriarchalische und rassistische Strukturen würden, so lautete das Argument, durch weite Teile der institutionalisierten Wissenschaft gestützt oder sogar ermöglicht. Das vielzitierte Defizit an wissenschaftlichem Verständnis in der Bevölkerung helfe sogar dabei, diese problematischen Strukturen aufrechtzuerhalten: Eine breite Öffentlichkeit, die sich für die Wissenschaft mitverantwortlich fühle und sich mit ihr auseinandersetze, wäre für jene, die vom Status quo profitieren, gar nicht wünschenswert: Sie könne die herrschende wirtschaftliche und politische Ordnung destabilisieren (Schmalzer et al. 2018, Kap. 1). Die Soziologin Linsey McGoey spricht in diesem Kontext von »strategischem Nichtwissen«: Dieses helfe »Individuen und Institutionen dabei, Ressourcen zu kontrollieren, Verantwortung nach einer Krise von sich zu weisen, und, angesichts unvorhersehbarer Entwicklungen, Expertise zu beanspruchen« (McGoey 2012: 553; siehe auch McGoey 2021. Übersetzung durch die Autorin). Nicht nur Wissen, so McGoey, sondern auch Nichtwissen, sei eine Herrschaftstechnologie.

Solchem strategischen Nichtwissen – seitens der Bevölkerung, was die der Wissenschaft innewohnenden Praktiken betrifft, aber auch seitens der Forscher:innen über Verbindungen zwischen hegemonialer Herrschaft und Wissenschaft – sollte eine Politisierung der Wissenschaft ein Ende bereiten. Mitglieder der Radical-Science- und ähnlichen Bewegungen redeten einer Wissenschaft das Wort, die sich aktiv dagegen wehrt, zur Ermöglichung von Kriegen, Unterdrückung – und dem Klimawandel, wie man heute hinzufügen würde – beizutragen. Die Wissenschaft könne sich nicht in den sprichwörtlichen Elfenbeinturm zurückziehen und so tun, als hätte sie mit dem, wie ihre Erkenntnisse »draußen in der Welt« genutzt werden, nichts zu tun. Vielmehr müsse es die gemeinsame Verantwortung aller Menschen – innerhalb und außerhalb der Wissenschaft – sein, die Welt zu einem besseren Ort für alle zu machen. Dies bedeute nicht, die Prinzipien der Wissenschaft – wie Transparenz, Nachvollziehbarkeit und Uneigennützigkeit – außer Kraft zu setzen, sondern es bedeute, sich in jedem Schritt wissenschaftlicher Tätigkeit – von der Formulierung der Forschungsfrage bis hin zur Kommunikation der Forschungsergebnisse – dieser gemeinsamen Verantwortung bewusst zu sein.

Zudem, so könnte man gegen Ed Solomons Aussagen auf Twitter einwenden, war die Wissenschaft immer schon politisch gewesen. Als gesellschaftliche Institution soll sie dazu beitragen, das Leben der Menschen zu verbessern. Aus diesem Grund werden Wissenschaft und Forschung in den meisten Staaten dieser Welt als öffentliche Aufgaben gesehen; in manchen ist ihre Förderung explizit als Staatsziel verankert. Auch hier bedeutet eine »politische« Wissenschaft nicht parteipolitische oder ideologische Positionierung, sondern sich als ein wichtiger Teil einer Polis, also eines politischen Gemeinwesens zu verstehen. In Demokratien kommt der Wissenschaft darüber hinaus noch die Aufgabe zu, für politische Entscheidungsfindung eine Evidenz-Grundlage zu schaffen, und auch gegebenenfalls als Korrektiv politischer Entscheidungen zu fungieren, welche Parteiräson oder andere strategische Erwägungen über evidenzbasiertes Handeln stellen. Dieser letzte Aspekt wurde in der Corona-Pandemie auch öffentlich sichtbar: Wissenschaftliche Evidenz und wissenschaftliche Expertise fungierten häufig als Gegengewicht zu parteipolitischen Erwägungen. Gerade weil die Wissenschaft eine so laute Stimme in der Pandemie hatte, wurde es in vielen Ländern schwieriger, politische Entscheidungen zu treffen, die wissenschaftliche Evidenz oder Expertise ignorierten oder ihr sogar entgegengesetzt wirkten.

Wissenschaft »live«

Wenn man es so betrachtet, dann ist eine sich als politisch verstehende Wissenschaft eine Notwendigkeit in einer demokratischen Gesellschaft. Aber vermutlich meinten Ed Solomon und jene, die seinem Tweet über die unglückliche Verquickung von Wissenschaft mit Politik Beifall spendeten, etwas anderes. Wahrscheinlich war das, woran die meisten Anstoß nahmen, eine zunehmende parteipolitische und ideologische Vereinnahmung der Wissenschaft. Vielleicht verliert die Wissenschaft als Institution und Praxisfeld, durch die Einhaltung bestimmter Regeln, Qualitätskriterien und von systeminternen Korrektiven (Stichwort *peer review*) zusammengehalten, in letzter Zeit ihre Konturen – in einer Zeit, in der Aussagen in großen Teilen der Gesellschaft einfach dadurch zu akzeptierten »Fakten« werden können, dass sie von einflussreichen Akteur:innen ständig wiederholt werden.

Vor dem Hintergrund des in der reichen Welt immer wichtiger werdenden Imperativs, die Bevölkerung stärker in die Wissenschaft einzubinden (Stichworte: *public engagement* oder *citizen science*), stellt dies eine interessante Herausforderung dar. Bisher beklagte man häufig das vermeintlich fehlende Interesse der Öffentlichkeit an der Wissenschaft und ging davon aus, dass mangelndes Wissen über wissenschaftliche Fakten und wissenschaftliches Arbeiten zu geringer Akzeptanz wissenschaftlicher Errungenschaften und neuer Technologien führten. Das öffentliche Interesse an der Wissenschaft ist jedoch in der Pandemie sehr stark gewachsen. Davor war man es als Zeitungsleser:in oder Konsument:in von Nachrichtensendungen gewohnt, von der Wissenschaft nur dann zu hören, wenn es Außergewöhnliches zu berichten gab: Wenn ein neues Medikament entwickelt worden war, eine neue Galaxie entdeckt oder die Wissenschafts-Nobelpreise verliehen worden waren. Sonst gingen Forscher:innen, weitgehend unbeobachtet von der Öffentlichkeit, im sprichwörtlichen stillen Kämmerlein ihrer Arbeit nach. Seit dem März 2020 zieren nun plötzlich Wissenschaftler:innen die Titelseiten von Tageszeitungen, sind Gäste in Talkshows und treten in Pressekonferenzen neben Regierungschef:innen und Präsident:innen auf. Einige wurden zu Popstars mit eigenen Podcasts, Fangemeinden und hunderttausenden Followern in sozialen Medien. Manche erhielten Todesdrohungen, insbesondere jene, die immer wieder betonten, dass Kontaktbeschränkungen und andere verpflichtende Maßnahmen nötig seien. Wissenschaftler:innen wurden als Sprachrohre der Politik bezeichnet. Jene, die die wichtige Bedeutung der Impfung in der Pandemiebekämpfung hervorhoben oder sich gar für eine Impfpflicht aussprachen, wurden als Handlanger der Pharmaindustrie diffamiert. Und überhaupt: Die Wissenschaft spricht nicht mit einer Stimme, kritisierte man, und legte dies als Zeichen dafür aus, dass entweder etwas mit der wissenschaftlichen Evidenz oder der Wissenschaft an sich nicht in Ordnung sein müsse.

»You can't big-data your way out of a no-data situation«: Zahlen an der Schnittstelle von Wissenschaft und Politik

Dabei ist eine lebhafte und oft kontrovers geführte Debatte innerhalb der wissenschaftlichen Community ein Zeichen genau des Gegenteils, nämlich einer funktionierenden Wissenschaft. »In der Innenperspektive wissenschaftlichen Arbeitens«, so schrieb der ehemalige Vorsitzende des Deutschen Ethikrats, Peter Dabrock, kürzlich in der *Frankfurter Allgemeinen Zeitung*, »erklärt sich der immense Fortschritt methodisch aus einer grundsätzlichen Falsifizierbarkeit von Forschungsergebnissen, die oft sehr kleinteilig und arbeitstechnisch in hochkomplexen Netzwerken erzeugt werden.« (Dabrock 2021).

Es war nur noch nie zuvor der Fall gewesen, dass so viele Menschen der Wissenschaft nahezu in Echtzeit beim Arbeiten zugesehen hatten. Auch wenn daher der Vorwurf, dass fehlende Einhelligkeit in der Interpretation der Daten und der Schlüsse, die daraus gezogen werden, ein Symptom einer kränkelnden oder korrumpierten Wissenschaft sei, nicht zutrifft, so bedeutet dies natürlich nicht, dass an der Schnittstelle zwischen Wissenschaft und Politik alles ideal läuft. Die Pandemie hat in mehrfacher Hinsicht gezeigt, was gut funktioniert, aber auch, wo es hakt.

Ein Beispiel für Letzteres sind fehlende Daten. Häufig sind die Daten, die man braucht, um evidenzbasiert die politische Entscheidungsfindung unterstützen zu können, nicht vorhanden. Manchmal ist dies der Fall, weil beispielsweise vor der Pandemie niemand auf die Idee gekommen war zu untersuchen, welche sozialen und kulturellen Bedeutungen Menschen davon abhalten, einen Mund- und Nasenschutz zu tragen. Manchmal sind die Daten zwar vorhanden, aber sie dürfen nicht analysiert werden. »Der Datenschutz« wird hier häufig als Rechtfertigung dafür herangezogen, dass Daten etwa nicht verknüpft werden dürfen – wie etwa in Österreich Impfdaten mit Daten über Hospitalisierungen. Dies führt dazu, dass für die Pandemiebekämpfung wichtige Informationen nicht vorhanden sind.

Ein weiteres Problem ist, dass nach wie vor in weiten Teilen der Politik – und auch der Wissenschaft – der Eindruck vorherrscht, »Daten« seien immer quantitativ, und Datensätze sollten möglichst groß sein, um Nutzen zu bringen. Für sich allein genommen, trifft beides nicht zu. Es kommt darauf an, qualitativ hochwertige Daten zu haben, und solche, die eine bestimmte Frage auch beantworten. Der Satz: »You can't big-data your way out of a no-data situation« (Bay 2020) ist heute zutreffender denn je. Für die Beantwortung mancher Fragen braucht man »tiefe«, das heißt detaillierte und um relevante Kontextfaktoren angereicherte Zahlen, statt einfach nur »große« Datensätze. Die Einhaltung der Corona-Maßnahmen ist ein Beispiel. Woher weiß man, welche Maßnahmen effektiv sind? Dass es wenig gewinnbringend ist, die formal beschlossenen Regeln in unterschiedlichen Ländern mit der Infektionsrate zu korrelieren und Rückschlüsse auf die Wirksamkeit der Maßnahmen zu ziehen, ist mittlerweile bekannt. Die Effektivität der Maßnahmen kann nicht unter Laborbedingungen getestet werden. In der Welt außerhalb des Labors hängt die Wirksamkeit von Maßnahmen nicht nur davon ab, ob sie unter kontrollierten Bedingungen dazu in der Lage sind, das Infektionsrisiko zu reduzieren. Es kommt auch darauf an, wie streng sie formuliert sind (welche Ausnahmen gibt es?), wie die Bevölkerung sie umsetzt, wie sie kontrolliert, wie Verstöße geahndet werden – und welche Bedeutung und welche Folgen die Maßnahmen im Leben der Menschen haben. Um dies zu verstehen, braucht es sozialwissenschaftliche Expertise und »tiefe« Daten. Warum halten manche Menschen bestimmte Maßnahmen ein und andere nicht? Antworten auf solche Fragen können auf der Basis vorhandener quantitativer Daten nicht gegeben werden.

Manchmal wird kritisiert, dass sozialwissenschaftliche Theorien zu nebulös seien, um mit Big Data getestet zu werden (Ledford 2020). Das Problem ist hier jedoch vielmehr, dass Computermodelle nicht geeignet sind, um jede wissenschaftliche Frage zu beantworten. Theoretische Konzepte, die sich ein gewisses Maß an Offenheit bewahren, tun dies oft, um der Komplexität der sozialen Realitäten, die sie erfassen, gerecht zu werden. Es wäre also falsch, daraus zu schließen, dass die Lösung darin besteht, die Theorie zu verwerfen und weiterhin die Daten zu verwenden. Stattdessen müssen wir das Spektrum der erkenntnistheoretischen und methodischen Ansätze (und, wie oben dargelegt, der Datenarten) erweitern, die wir unter dem Begriff »datenbasierte Wissenschaft« (*data science*) zusammenfassen (Prainsack & El Sayed 2021; siehe auch Leonelli 2021).

Eine solche Rückbesinnung der datenbasierten Wissenschaft auf eine Theorie, die Zusammenhänge erklärt, wäre auch insofern wichtig, als sie das Risiko falscher Handlungsanleitungen reduzieren helfen würde. Damit ist die Praxis gemeint, Korrelationen zwischen Faktoren beziehungsweise Phänomenen, die man beim hypothesenfreien Durchsuchen großer Datensätze findet, als handlungsleitend zu betrachten, ohne den Zusammenhang zwischen diesen Faktoren beziehungsweise Phänomenen zu verstehen. Sehen wir uns auch hier wieder ein Beispiel an: Im Juni 2020, also wenige Wochen nach dem Beginn der Pandemie, publizierten zwei amerikanische Wissenschaftler erste Ergebnisse einer Studie, in der sie die COVID-19-Todesraten auf Ebene der US-Bezirke mit einer Reihe von sozioökonomischen Variablen, Gesundheitsvariablen auf Bezirksebene, Pendlerbewegungen sowie Klima- und Verschmutzungsmustern in Verbindung gebracht hatten. Ein recht überraschender Befund dieser hypothesenfreien Suche nach Mustern in den Datensätzen war, dass Bezirke mit höheren Immobilienwerten höhere COVID-19 Sterberaten aufwiesen. Dieses Resultat passte mit der bisherigen Evidenz und dem Erfahrungswissen vieler Expert:innen nicht zusammen. Warum sollten in teuren Wohngegenden mehr Menschen sterben, wenn es doch immer hieß, dass Menschen in unteren Einkommens- und Vermögensgruppen (auch aufgrund ihres durchschnittlich schlechteren Gesundheitszustandes) höhere Sterblichkeit hätten? Die Autoren gaben zu, die Gründe dafür nicht zu kennen. Ihre Analysen könnten nur Korrelationen aufzeigen, aber keine Kausalverbindungen beweisen, betonten sie. Trotzdem schlugen sie vor, dass die Ergebnisse politischen Entscheidungsträger:innen dabei helfen können, Variablen zu identifizieren, die möglicherweise in kausalem Zusammenhang mit COVID-19-Todesraten stehen (Knittel & Ozaltun 2020: 5; siehe auch Prainsack & El-Sayed 2021).

Halten wir hier kurz ein: Eigentlich machten die Autoren der Studie nichts falsch. Keineswegs verwechselten sie einen statistischen Zusammenhang mit Kausalität, sondern sie wiesen explizit darauf hin, dass ihre Studie nichts über Kausalität sagen könnte.

Auch ist prinzipiell gegen den Zugang, große Datenmengen hypothesenfrei nach Mustern zu durchsuchen und erst dann der Frage nachzugehen, wie diese Muster entstanden sind, nichts einzuwenden; schon mehrmals wurden mit einem solchen hypothesenfreien Zugang wichtige Ergebnisse erzielt. Dennoch bleibt ein schaler Nachgeschmack. In einer Krisensituation, in der die Politik über lange Strecken im Dunkeln tappt, weil so viele Dinge noch unerforscht und unbekannt sind, klammert man sich gerne an jeden Strohhalm. Politische Entscheidungen müssen trotzdem getroffen werden; Politiker:innen können sich nicht zurücklehnen und darauf warten, bis sich die Datenlage verbessert hat. Ist unvollständige Evidenz für die Politik nicht besser als keine Evidenz?

Nein. Das ist der Punkt. Ohne zusätzliche Forschung sind die Ergebnisse dieser amerikanischen Studie im Grunde nicht interpretierbar. Das hypothesenfreie Durchsuchen großer Datensätze nach bisher unbekannten Mustern ist eine nützliche Aktivität in den frühen Stadien der wissenschaftlichen Erkenntnisgewinnung. Mit Entscheidungen und Maßnahmen sollte jedoch erst dann auf die Ergebnisse reagiert werden, wenn die Art ihrer Beziehung verstanden wird.

Ganz zuletzt ist noch zu sagen, dass inmitten einer globalen Pandemie die Ergebnisse von Big-Data-Analysen, die die Gesellschaft, individuelle Verhaltensweisen oder Körper in einem Stadium des »normalen« Funktionierens darstellen, nicht immer hilfreich sind (El-Sayed/Prainsack 2020). In diesem Sinne zeigt die COVID-19-Pandemie auch die Grenzen von rein korrelationsbasierten Prognosemodellen auf, die Schwierigkeiten haben, Werte für die Ausnahmesituation vorherzusagen, in der wir uns befinden – weil es keine passenden Daten gibt, mit denen ein Modell gefüttert werden könnte (Benaich 2020). Dies ist dann der Fall, wenn die Annahmen, die in den Datensätzen enthalten sind, auf die Pandemie-Situation nicht zutreffen, oder wenn die Daten selbst die Pandemie-Situation nicht widerspiegeln – dies wäre etwa im Bereich der Mobilität der Fall, aber auch im Bereich des Konsums oder der Dynamiken, die für psychische Überlastung verantwortlich sind. Die Wissenschaftstheoretikerin und ehemalige Präsidentin des Europäischen Forschungsrates, Helga Nowotny, diagnostiziert eine »grundlegende Unvereinbarkeit« zwischen der Logik sogenannter harter Zahlen und algorithmenbasierter Prognosen einerseits und der Politikgestaltung andererseits: »Politische Entscheidungen beinhalten […] Abwägungen zwischen mehreren, oft unvereinbaren Zielen und Interessen. Die Algorithmen in maschinellen Lernsystemen sind dagegen utilitaristische Maximierer dessen, was letztlich eine einzige Größe ist, die auf explizit gewichteten Entscheidungskriterien beruht. Sie tolerieren keine Mehrdeutigkeit.« (Nowotny 2021: 120-1)

Pandemie-Bekämpfung als individuelle Pflicht

Eine der wichtigsten Herausforderungen an der Schnittstelle von Wissenschaft und Pandemie ist die Beantwortung der Frage, was sowohl die Politik und auch die Wissenschaft aus der Pandemie gelernt haben und weiterhin lernen können. Historiker:innen, Public-Health-Forscher:innen und viele andere Expert:innen haben in den letzten Monaten immer wieder darauf hingewiesen, was man aus vergangenen Pandemien *nicht* gelernt hat. So erinnert etwa die amerikanische Historikerin Sara Silverstein daran, dass die Verbesserung sogenannter sozio-ökonomischer Determinanten – also jene Faktoren, die beeinflussen, wie Menschen leben und arbeiten – die effektivste Form des Schutzes vor den negativen Folgen einer Pandemie ist. Ein Grund dafür ist, dass Menschen, die in schlechten ökonomischen und sozialen Bedingungen leben, von den Maßnahmen der Pandemie-Bekämpfung besonders stark betroffen sind. Ein weiterer, dass stabiles und leistbares Wohnen, gute Bildung für alle und ein starkes und allen zugängliches Gesundheitssystem den Gesundheitszustand der gesamten Bevölkerung verbessern (siehe zum Beispiel Marmot 2015). Noch in der ersten Hälfte des 20. Jahrhunderts, so die Historikerin Silverstein, lag der Fokus der Pandemie-Bekämpfung genau auf diesen sozialen und ökonomischen Faktoren. Erst seit der Entwicklung effektiver biomedizinischer Strategien, wie Antibiotikatherapien, und der Idee, dass man Infektionskrankheiten unter Kontrolle halten könne, verschob sich in der zweiten Hälfte des 20. Jahrhunderts der Schwerpunkt. Nicht mehr die »Behandlung« ganzer Gesellschaften, also die Verbesserung sozialer und ökonomischer Faktoren, wurde als Mittel zur Bewältigung von Epi- und Pandemie gesehen, sondern die Intervention auf der Ebene von Individuen – über Impfungen, individuelle Hygienemaßnahmen wie Händewaschen, aber auch über den Versuch, individuelles Verhalten in anderen Bereichen zu steuern. Die Verantwortung für die Prävention von Gesundheitskrisen ging damit vielerorts von der Allgemeinheit – der Gesellschaft, der Stadt, dem Staat – auf einzelne Menschen und Familien über. Jeder Mensch sollte sich »gesund« und »vorsichtig« verhalten, um Risiken zu vermindern. Dieser letzte Aspekt hilft im Übrigen auch dabei, die sich polarisierende Debatte über Corona-Maßnahmen und insbesondere Impfungen einzuordnen: Menschen, die in dem Glauben aufwuchsen, sie könnten durch individuelles Verhalten Risiken minimieren, spürten in der Pandemie immer wieder, wie sehr sie vom Verhalten aller anderen Menschen abhängig sind. Für manche war und ist das eine massive narzisstische Kränkung, die sich – wie dies etwa bei den radikalen Impfgegner:innen der Fall ist – in einer Ablehnung des Kollektiven niederschlägt. Das Resultat ist ein bizarr individualistischer Freiheitsbegriff, der seines positiven Gehalts entleert und auf ein reines Abwehrrecht reduziert wird.

So wichtig verantwortungsvolles individuelles Verhalten für die Pandemie-Bekämpfung auch ist: Wir werden vor zukünftigen Pandemien nur dann besser geschützt sein, wenn wir an den strukturellen Stellschrauben drehen und gemeinsam Verantwortung übernehmen. Neben dem Virus selbst zählen soziale und ökonomische Ungleichheiten zu den wichtigsten Ursachen menschlichen Leidens in der Pandemie. In den Worten des britischen Epidemiologen Sir Michael Marmot:

> soziale und regionale gesundheitliche Ungleichheiten und die Verschlechterung der Gesundheit für die am stärksten benachteiligten Menschen sind Zeichen einer Gesellschaft, die nicht funktioniert, um den Bedürfnissen ihrer Mitglieder gerecht zu werden. Es besteht die dringende Notwendigkeit, die Dinge anders anzugehen, eine Gesellschaft zu schaffen, die auf den Grundsätzen sozialer Gerechtigkeit beruht; die Ungleichheiten bei Einkommen und Vermögen zu verringern; eine Wirtschaft des Wohlbefindens aufzubauen, die das Erreichen von Gesundheit und Wohlbefinden in den Mittelpunkt der Regierungsstrategie stellt, anstatt eng gefasste wirtschaftliche Ziele zu verfolgen; und eine Gesellschaft zu schaffen, die auf die Klimakrise reagiert und gleichzeitig eine größere Gerechtigkeit im Bereich der Gesundheit erreicht. (Marmot et al. 2020: 4)

Diese Lektion, argumentieren Marmot und seine Kolleg:innen, sei die Wichtigste, die es aus der COVID-19-Pandemie zu lernen gelte. Auch wenn biomedizinische Mittel und Strategien eine wichtige Rolle in der Bekämpfung der Pandemie spielen, so können sie ihre Wirksamkeit ohne zeitgleiche Strategien zur Verbesserung sozialer und ökonomischer Faktoren nicht entfalten. Während die Politik in vielen Ländern darüber diskutiert, wie man die pandemiebedingten Mehrausgaben in den nächsten Jahren zumindest zum Teil wieder zurückholen könne – typischerweise indem man gerade bei jenen spart, die schon bisher die Hauptkosten der Krise getragen haben – schlagen Wissenschaftler:innen, die sich mit den Ursachen der Pandemie beschäftigen, genau das Gegenteil vor: Es brauche strukturelle Veränderungen, die Armut und ökonomische Ungleichheiten verringern. Auch heute gilt: Menschen mit geringem Einkommen und Vermögen sind von Gesundheitskrisen doppelt betroffen: Einerseits haben sie besonders hohe soziale Risiken, weil sie überdurchschnittlich oft als sogenannte Systemerhalter:innen zur Arbeit gehen müssen, wenn andere durch Homeoffice und andere Kontakt- und Mobilitätsreduktionen ihr Infektionsrisiko beschränken können. Gleichzeitig sind in dieser Gruppe auch die biologischen Risikofaktoren besonders hoch: Menschen in den niedrigeren sozio-ökonomischen Schichten haben im Durchschnitt mehr gesundheitliche Probleme als jene in höheren. Die Dynamiken, die zu diesen Phänomenen führen, verstärken sich in einer Pandemie gegenseitig (siehe zum Beispiel Bambra et al. 2021).

Es gilt, die Wurzeln der gegenwärtigen Krise anzugehen, und nicht nur die Symptome zu bekämpfen (Wagenaar / Prainsack 2021). Diese Lektion, die schon bereits aus vorangegangenen Pandemien hätte gelernt werden können, ist in einer hypermobilen Welt, in der Viren sich viel schneller ausbreiten können als jemals zuvor, besonders wichtig. Und das Verhältnis zwischen Wissenschaft und Politik wird sich zumindest teilweise neu erfinden müssen.

Literatur

Bambra, Clare / Lynch, Julia / Smith, Katherine E: *The Unequal Pandemic: COVID-19 and Health Inequalities.* Bristol 2021.

Bay, Jason. Zitiert in: Hadavas, Chloe: How Effective Are Contact Tracing Apps?. In: *Slate* vom 13.5.2020, https://slate.com/technology/2020/05/contact-tracing-apps-less-effective-iceland.html (Zugriff am 20.12.2021).

Bell, Alice: Beneath the white coat: the radical science movement. In: *The Guardian* vom 18.7.2013, https://www.theguardian.com/science/political-science/2013/jul/18/beneath-white-coat-radical-science-movement (Zugriff am 26.11.2021).

Benaich, Nathan: AI has disappointed on Covid. In: *Financial Times* vom 20. September 2020, https://www.ft.com/content/0aafc2de-f46d-4646-acfd-4ed7a7f6feaa (Zugriff am 26.11.2021).

Dabrock, Peter: Folgt der Wissenschaft? In: *Frankfurter Allgemeine Zeitung* vom 13. Dezember 2021.

El-Sayed, Seliem / Prainsack, Barbara: Blue Chips and White Collars: Whose Data Science Is It? *Harvard Data Science Review* 3.1, https://hdsr.mitpress.mit.edu/pub/2szvobpn/release/1 (Zugriff am 22. Dezember 2021).

Knittel, Christopher R. / Ozaltun, Bora: What does and does not correlate with COVID-19 death rates. NBER Working Paper 27319 vom Juni 2020, https://www.nber.org/papers/w27391 (Zugriff am 22. Dezember 2021).

Leonelli, Sabina: Data Science in Times of Pan(dem)ic. In: *Harvard Data Science Review* 3.1, https://hdsr.mitpress.mit.edu/pub/fi1rol2i/release/2 (Zugriff am 22. Dezember 2021).

Marmot, Michael: *The health gap: The challenge of an unequal world.* New York and London 2015.

Marmot, Michael / Allen, Jessica / Goldblatt, Peter / Herd, Eleanor / Morrison, Joana: *Build back fairer: The COVID-19 Marmot Review. The Pandemic, Socioeconomic and Health Inequalities in England.* London 2020.

McGoey, Linsey: The logic of strategic ignorance. In: *The British Journal of Sociology* 63(3): 533–76, 2012.

McGoey, Linsey: *The Unknowers: How strategic ignorance rules the world.* London 2019.

Nowotny, Helga: *In AI We Trust: Power, Illusion and Control of Predictive Algorithms.* London 2021.

Schmalzer, Sigrid / Chard, Daniel S. / Botelho, Alyssa: *Science for the People: Documents from America's Movement of Radical Scientists.* Cambridge, MA 2018.

Silverstein, Sara: What do we learn from past pandemics? Invited lecture at the Pandemic Forum 2021. Available at: https://www.meduniwien.ac.at/web/en/ueber-uns/events/2021/pandemic-forum-2021/ (Zugriff am 15. Dezember 2021).

Wagenaar, Hendrik / Prainsack, Barbara: *The Pandemic Within: Policy Making for a Better World.* Bristol 2021.

Alexander Bogner

Konsenspolitik. Wie die Wissenschaft in der Krise zum politischen Akteur wird

Nicht anders als demokratische Politik schätzt auch die moderne Wissenschaft Vielstimmigkeit und Dissens. Die Wissenschaft ist eine Entfesselungskünstlerin des Dissenses und hat zu diesem Zweck eigene Institutionen wie Seminare, Tagungen und Begutachtungsprozesse geschaffen. Schließlich verspricht sie sich von kollegialer Kritik ziemlich viel, nämlich besser begründete Behauptungen und robustere Erkenntnisse – eben besseres Wissen.

Dass es keine wirkliche Erkenntnis ohne die Überprüfung durch kritische Gegenstimmen geben könne, war schon das Credo von John Stuart Mill, und dieser Argumentationslinie folgt noch Karl Popper, wenn er erklärt, dass das Spiel der Wissenschaft grundsätzlich »kein Ende« haben kann, weil es darum geht, Wahrheitsansprüche in Frage zu stellen (Popper 1971: 26). Wir schließen daraus: Fragloses Einvernehmen ist nicht der Himmel der Wissenschaft, sondern ihr Ende. Erklärungsbedürftig erscheint vor diesem Hintergrund nicht der Dissens, sondern vielmehr der Konsens, und zwar nicht nur in der Forschung, sondern auch und gerade im Hinblick auf politikrelevante Expertise.

Konsens in der *Forschung* ist eigentlich langweilig. Über grundlegende Tatsachen streitet man nicht, und kanonisches Wissen wird in Form von Lehrbüchern schubladisiert. Konsens stellt sich ein, wenn man nicht mehr weiterfragt, aus welchen Gründen auch immer. Konsens in der *Politikberatung* ist ziemlich unwahrscheinlich, gerade in Krisenzeiten, wenn unerwartete Ereignisse die Wissenschaft überraschen und darum Daten, konsolidierte Erkenntnisse und sicheres Wissen fehlen. Ein derart vielschichtiges Problem wie eine Pandemie erfordert außerdem Interdisziplinarität, und damit vervielfältigen sich die relevanten Stimmen. In den Beratungsgremien – wenn sie die Breite der Wissenschaft abbilden wollen – treffen verschiedene, vielleicht sogar unvereinbare Perspektiven und Paradigmen, aber natürlich auch divergierende Werte und Weltanschauungen aufeinander. Weitreichender Konsens mag daher ein wünschenswertes Ziel sein, doch gerade in Krisenzeiten ist dies mit wissenschaftlichen Mitteln kaum zu erreichen.

Unter dem Stichwort »Konsenspolitik« wird im Folgenden eine politische Strategie skizziert, die in der Corona-Krise an Bedeutung gewonnen hat. Gemeint sind Versuche aus der Wissenschaft, mithilfe interdisziplinärer Konsenspapiere die Politik dazu zu bewegen, den einhelligen Empfehlungen maßgeblicher Expertenzirkel zu folgen. Gefördert wird diese Konsenspolitik durch ein relativ unstrukturiertes und daher offenes Beratungssystem, das externe Akteur:innen dazu ermuntert, Stellungnahmen und Empfehlungen auf eigene Initiative hin anzubieten. Gefährdet werden durch diese Konsenspolitik sowohl der deliberative Charakter demokratischer Politik als auch die Glaubwürdigkeit der Wissenschaft. Denn Konsenspolitik unterstützt – gewollt oder ungewollt – eine Politik der Alternativlosigkeit und formuliert anstelle abgewogener wissenschaftlicher Expertise einen politischen Appell. Auch wenn man in normativer Hinsicht mit vielen dieser Appelle aus der Wissenschaft sympathisieren mag, so ist doch der Preis dieser gut gemeinten Konsenspolitik hoch.

Krise und Konsens

Konsenspolitik beginnt eine Rolle zu spielen, wenn Expert:innenkonsens nicht mehr offensichtlich, selbstverständlich oder zumindest erwartbar ist. Die Corona-Pandemie hat deutlich gemacht, dass sich die gesellschaftlichen Erwartungen an Expertise im Verlauf einer Krise wandeln. Während akute Krisensituationen dem

Expert:innenkonsens Gewicht und Glaubwürdigkeit verleihen, wird dieser Konsens als Folge aktiver Konsenspolitik problematisch, wenn sich die akute in eine hartnäckige (oder chronische) Krise verwandelt. Was heißt das genau?

Akute Krisenphasen sind durch Angst, Verunsicherung und einen weitgehenden gesellschaftlichen Wertekonsens charakterisiert. Dieser Konsens stellt sich vor allem in Schockmomenten her. Im Fall von Corona erzeugten die alarmierenden Bilder aus der Lombardei einen solchen Schockmoment. Der Lebensschutz erhielt – abstimmungsfrei und kompromisslos – oberste Priorität und ausgerechnet ein konservativer Politiker musste daran erinnern, dass diese Absolutheit des Lebensschutzes sachlich nicht geboten ist (Birnbaum/Ismar 2020). Die (reale oder symbolische) Betroffenheit war hoch; Solidarität (mit Alten und Kranken, mit hilfsbedürftigen Nachbarn, mit dem Pflegepersonal) wurde großgeschrieben. Die Erwartung an die Politik lautete: Schnell handeln und wirksame Maßnahmen einleiten.

In akuten Krisen schlägt die Stunde der Exekutive, wie es so schön heißt. Diese Zentralisierung (und teilweise Informalisierung) politischer Entscheidungsprozesse ist im Nachhinein als Selbstentmachtung des Parlaments kritisiert worden (Merkel 2020). Mit Blick auf den hohen Stellenwert wissenschaftlicher Expertise in akuten Krisensituationen spricht der US-amerikanische Politologe Roger Pielke von »Tornado-Politik« (Pielke 2007). Das heißt, wenn der Hurricane kommt, ist für demokratisches Abwägen keine Zeit. Dann wollen wir von den Expert:innen einfach nur wissen, wo es langgeht. Kurz gesagt: In akuten Krisen ist die Herrschaft der Expert:innen legitim. Diese Expertokratie kann allerdings nur dann funktionieren, wenn mit einer Stimme gesprochen wird, wenn also *eine* wissenschaftliche Disziplin (oder Perspektive) klar die Oberhand hat und nur ein schmaler Ausschnitt verfügbarer Expertise in der Politik Gehör findet. Dies spiegelt sich in den Worten des bayrischen Ministerpräsidenten

Markus Söder wider, der zu Beginn der Krise erklärte: »Die Bayerische Staatsregierung hat ihre Handlungen mit Ärzten, Virologen und Experten abgestimmt. Es gilt das Primat der Medizin.« (Bayerische Staatsregierung 2020)

Aus der zunächst akuten Krise ist ab dem Frühsommer 2020 eine hartnäckige (oder chronische) Krise geworden. Auch mehrere bundesweite Lockdowns und eine Kaskade an lokalen Maßnahmen, ja nicht einmal das kostenlose Angebot wirksamer Impfstoffe haben bislang zu einem Ende der Pandemie geführt. Das Corona-Virus ist nach wie vor präsent und prägt die nationale Gesundheitspolitik genauso wie das Arbeitsleben oder unsere Urlaubsplanungen.

In chronischen Krisen gehen Angst, Betroffenheit und Solidarität rasch zurück. Während sich die Bevölkerung anfangs noch auf den Wohnungsbalkonen für ihre Solidarität gefeiert hatte, ebbte diese bald merklich ab und war auch 2021, im Jahr des großen Impfens (und der mühseligen Impfkampagnen), keine wirksame Ressource mehr. Das heißt, die krisenbedingten Risiken verlieren an Gewicht oder werden zunehmend als individuelle Risiken verstanden. Was die Krise im öffentlichen Bewusstsein hält, ist weniger ihr aktuelles Bedrohungspotenzial als vielmehr der öffentliche Streit um die richtigen Maßnahmen beziehungsweise um die richtige Interpretation der Krise.

Akute Krisen verwandeln die pluralistische Gesellschaft in eine kurzfristig homogene Gefahrengemeinschaft. Chronische Krisen hingegen sind durch Dissens geprägt: Die Krise wird – nach dem Ende der großen Einigkeit – standpunktspezifisch bewertet und erhält damit viele Gesichter. Der Dissens vollzieht sich sowohl auf der normativen Ebene (Wertepluralismus), auf der politischen Ebene (es erwacht der Wille zur Opposition), in der öffentlichen Arena (Proteste) als auch auf der wissenschaftlichen Ebene. Mit Blick auf letzteren Aspekt heißt das: Sobald deutlich wurde, dass Corona ein vielschichtiges Problem mit ökonomischen, rechtlichen, psychosozialen und politischen Facetten darstellt, mussten weitere Stimmen aus der Wissenschaft gehört werden – über die Medizin und die Modellrechnungen der Physik hinaus. Diese Entgrenzung relevanter Expertise führt zu einer Vielstimmigkeit, die den erneuten Wunsch nach Übersichtlichkeit und Konsens – sowohl auf Seiten der Politik wie der Wissenschaft – verständlich macht. In chronischen Krisen verliert Expert:innenkonsens seine Selbstverständlichkeit; es bricht die Zeit aktiver Konsenspolitik an.

Expertise auf Eigeninitiative

Mit dem Aufbrechen politischer Konflikte in der Corona-Pandemie wurde auf allen Seiten entsprechende wissenschaftliche Unterstützung mobilisiert. Von den Medien wurden Fachleute aus Virologie und Epidemiologie zu (Gegen-)Expert:innen aufgebaut, um bestimmte Polit-Strategien salon- oder mehrheitsfähig zu machen. Mangels differenzierter Auseinandersetzung blieb mitunter unklar, worauf sich der Expert:innendissens im Einzelfall gründete und wie groß er wirklich war.

Dass der Streit um das bessere Wissen medienwirksam ausgetragen wurde, oder anders gesagt, dass das Ringen um die richtigen, evidenzbasierten Maßnahmen von den Medien als Kampf rivalisierender Expertisen inszeniert werden konnte, hat nicht zuletzt mit dem deutschen Beratungssystem zu tun. Denn dieses Beratungssystem ist mit Blick auf globale Gesundheitskrisen vergleichsweise offen und lädt daher dazu ein, Expertise gewissermaßen als Flaschenpost via Medien, Fachjournalen oder Gelehrtengesellschaften an die Politik zu adressieren. Diese deutsche Spezialität wird im internationalen Vergleich deutlich.

In Großbritannien existiert in Gestalt der Science Advisory Group for Emergencies (SAGE) ein interdisziplinäres Krisengremium, das aufgrund seiner institutionellen Verankerung in der zentralen Staatsverwaltung gerade in Krisenzeiten der Wissenschaft eine hervorgehobene Position sichert. Mit dem Chief Scientific Advisor, der auch die SAGE nach außen vertritt, sitzt die Wissenschaft sozusagen mit am Kabinettstisch. Unterstützung erhält die SAGE durch ein weiteres, pandemiespezifisches Beratungsgremium, die New and Emerging Respiratory Virus Threats Advisory Group (NERVTAG). Das 15-köpfige Gremium wird von Virolog:innen und Epidemiolog:innen dominiert, aber auch ein Psychologe sowie ein Soziologe sind darunter. Die Scientific Pandemic Influenza Group on Modelling (SPI-M) ist eine weitere Kommission, die SAGE in der Corona-Krise zuarbeitet. Hier sind namhafte Fachleute aus den Bereichen der Modellierung, Komplexitätsforschung und Epidemiologie vertreten.

In Deutschland (oder auch in Österreich) gibt es kein pandemie-spezifisches Beratungssystem mit ähnlich klarer Struktur. Gerade in Österreich ist die Politikberatung hochgradig fragmentiert, viele Kommissionen und Fachbeiräte in den verschiedenen Ministerien arbeiten parallel, und es ist teilweise intransparent, wer zu den beratenden Fachleuten gehört. Auch in Deutschland ist entscheidungsrelevante Expertise oft kurzfristig mobilisiert worden, etwa vor den Bund-Länder-Gipfeln. Eine Folge dieses offenen Beratungssystems besteht darin, dass viele Wortmeldungen aus der Wissenschaft auf Eigeninitiative beruhen: Herausragende institutionelle Akteure (wie die Leopoldina, der Deutsche Ethikrat oder die Helmholtz-Gemeinschaft) haben in der Corona-Krise ihre Expertise in Form von Ad-hoc-Stellungnahmen angeboten. Aber auch einzelne Fachleute mit entsprechender Reputation haben die Initiative ergriffen und über Twitter oder in offenen Briefen ihre Empfehlungen abgegeben. Eine Sonder- oder Zwischenform stellen jene Allianzen hochrangiger Expert:innen dar, die weder individuelle noch institutionelle Akteure sind, sondern als selbstorganisierte, lose verknüpfte und disziplinär bunte Überzeugungsgemeinschaften auftreten. Beispiele dafür bieten jene Initiativen aus der Wissenschaft, die in ähnlicher Weise eine vorausschauende Politik und härtere Maßnahmen forderten (»No Covid«, »Zero Covid«, »Contain Covid«).

Auch wenn sich viele dieser Stellungnahmen in Nuancen unterschieden, so fällt doch deren innere Geschlossenheit auf. Gerade Stellungnahmen, die aus interdisziplinären Diskussionszusammenhängen hervorgehen, werden besonders vielfältig und hinsichtlich ihrer Handlungsempfehlungen vielleicht sogar widersprüchlich sein, möchte man annehmen – schließlich führt der disziplinspezifische Fokus auf die Krise zwangsläufig zu unterschiedlichen Einschätzungen darüber, welche Probleme vorrangig sind und wo eine verantwortungsvolle Krisenbewältigungspolitik ansetzen sollte. Dies ist jedoch nicht der Fall, und das hat mit dem erstaunlichen Maß an Konsens zu tun, der in vielen Stellungnahmen zum Ausdruck kommt.

Interdisziplinäre Konsenspapiere

Ende November 2021 veröffentlichte die Leopoldina, die Nationale Akademie der Wissenschaften, ihre 10. Ad-hoc-Stellungnahme zur Corona-Pandemie (Leopoldina 2021). Zwölf Mitglieder der Leopoldina, darunter der Virologe Christian Drosten, ein Jurist und zwei Medizinethikerinnen platzierten ihr zentrales Anliegen schon im Titel des fünfseitigen Papiers: »Klare und konsequente Maßnahmen – sofort!« Die kurze Sachstandsdarstellung zu Beginn erlaubt keinen Einblick in den aktuellen Forschungsstand, sondern ist auf die warnende Prognose des Autor:innenteams zugeschnitten: Aufgrund ansteckender Varianten (Delta beziehungsweise Omikron), zu niedriger Impfquote und zu laxer Maßnahmen drohe im kommenden Winter eine Überlastung des Gesundheitssystems.

Den Großteil der Stellungnahme nimmt die Auflistung konkreter Maßnahmen ein, die von der Politik eingefordert werden: eine massive Verstärkung der Impfkampagne und die Einführung einer stufenweisen Impfpflicht, strikte Kontaktbeschränkungen sowie das Impfen für Kinder ab fünf Jahren. Angesichts der interdisziplinären Zusammensetzung ist die Stellungnahme von einer bemerkenswerten Einhelligkeit getragen. Nicht einmal das Thema Impfpflicht führt zu kontroversen Erwägungen, obwohl das Spannungsverhältnis zwischen restriktiven Maßnahmen und Individualfreiheiten durchaus thematisiert wird – und die Fachethik im Gremium prominent vertreten ist.

Der unbedingte Wille zum Konsens erklärt sich nicht zuletzt aus der übereinstimmenden Krisenwahrnehmung: Für die Mitglieder der Leopoldina hatte sich die chronische Krise längst wieder in eine akute Krise verwandelt. Deshalb wird der Politik und der Öffentlichkeit suggeriert, dass es nur noch einen Weg geben könne. Es werden politische Forderungen erhoben, weil für eine umfassende Sachstandsdarstellung, aus der die Politik ihre eigenen Schlüsse ziehen könnte, keine Zeit mehr zu sein scheint.

Das zentrale Problem dieser Konsenspolitik besteht darin, dass sie selbst als Politik erkennbar wird. Schließlich ist weitreichender Expert:innenkonsens nicht mehr glaubwürdig, sobald sich die akute zu einer zähen, chronischen Krise entwickelt hat. Selbst eine erneute Zuspitzung der Krise kann an diesen geänderten Glaubwürdigkeitsbedingungen für Expertise nichts ändern. Denn chronische Krisen leben ja gerade davon, dass die ursprüngliche Krise eine Kaskade von Krisen auslöst. Im Corona-Fall heißt das: Aus der Gesundheitskrise entwickelte sich im Laufe der Zeit eine Wirtschafts-, eine Pflege-, eine Bildungs- oder eben auch – als das Krisenmanagement zum Gegenstand von Kritik und Protesten wurde – eine politische (Vertrauens-)Krise.

Diese »Krisenkaskade« hat eine Steigerung der Konfliktintensität zur Folge, weil sich die Anlässe für Kritik und Dissens vervielfältigen. Dieser verstärkte und fragmentierte Dissens lässt sich politisch nicht mehr so leicht einfangen, und dies macht sich genau dann negativ bemerkbar, wenn Einigkeit und Konsens am meisten gefragt wären, nämlich im Fall einer Verschärfung der ursprünglichen Krise. Dies wurde zuletzt anlässlich der vierten Corona-Welle deutlich, die (nicht nur) auf Österreich im November 2021 mit voller Wucht zurollte: Obwohl die Explosion der Inzidenzen und Hospitalisierungen solidarisches Handeln erfordert hätte, blieb die große Einigkeit aus. Stattdessen versammelten sich Impfgegner, Staatskritiker und Neonazis in Wien zur größten Demonstration der letzten Jahrzehnte (mit über 40 000 Teilnehmenden).

Mit Blick auf wissenschaftliche Expertise heißt das: Sofern sich eine akute zu einer chronischen Krise entwickelt, wandeln sich auch die öffentlichen Erwartungen an Expertise. Es gibt keinen Weg zurück zur Expertokratie-Herrlichkeit akuter Krisenzeiten. Dies verhindert die gesteigerte Konfliktdynamik. Jede konsensuelle Stellungnahme wird daher zwangsläufig auf Aspekte strategischen Handelns untersucht und öffentlich kritisiert.

Schon zu Ostern 2020 – also zu Zeiten der akuten Krise – hatte die Leopoldina eine Stellungnahme als interdisziplinäres Konsenspapier konzipiert (Leopoldina 2020). Diese 3. Ad-hoc-Stellungnahme war von einer 26-köpfigen Arbeitsgruppe innerhalb einer Woche erarbeitet worden (Schmoll 2020). Fortschrittlich erschien damals, dass neben Fachleuten aus Biologie und Medizin auch die Ökonomie, Rechtsphilosophie, Sozialgeschichte, Ethik, Bildungsforschung, Psychologie und Soziologie vertreten waren. Dieses Bekenntnis zur Interdisziplinarität schien auf die Anerkennung gesteigerter Konfliktdynamik und damit auf die Notwendigkeit gremieninterner Abwägungsprozesse hinzudeuten.

Doch ein interdisziplinärer Austausch über grundsätzliche Fragen der Verhältnismäßigkeit, über konkurrierende Werte und Interessen ist in dieser Stellungnahme nicht erkennbar. Es gibt auch keine abweichenden Meinungen, keine Minderheitenvoten, also keinen erkennbaren Dissens. Alle Argumentationen, Wertbekenntnisse und Forderungen sind konsensuell formuliert. Die an die Wirtschafts- und Bildungspolitik, an die Gesundheitsforschung und die Gesamtbevölkerung adressierten Forderungen bleiben einfach nebeneinander stehen.

Dieser Wille zum Konsens kommt auch in den Stellungnahmen interdisziplinärer Expertenallianzen zum Tragen. Im Februar 2021 veröffentlichte ein 17-köpfiges Team, darunter auch hochrangige Fachleute aus Soziologie, Politologie und Ökonomie, in der Fachzeitschrift *The Lancet* einen Aufruf zu einer europaweiten Strategie gegen die Pandemie (Priesemann et al. 2021a). Hintergrund war das Auftreten einer neuen Mutation (die damals »Südafrika-Variante« hieß). Man nahm an, dass diese Variante den Reproduktionswert R automatisch von 1,0 auf 1,4 anheben würde. Folglich, so die Befürchtung, könnten jene Maßnahmen nicht ausreichen, die zur Absenkung von R auf (unter) 1 geführt hatten. Gefordert wurde daher konsequentes Handeln, um die Ausbreitung der neuen Variante frühzeitig wirkungsvoll einzudämmen. Der Leitgedanke des Papiers war, die Fallzahlen so schnell wie möglich zu reduzieren, und zwar unter den von der Politik angestrebten Wert von wöchentlich 50 Fällen pro 100 000 Einwohner. Diese sogenannte »Contain Covid«-Initiative war unter Federführung der Physikerin Viola Priesemann und der Virologin Melanie Brinkmann entstanden und versammelte eine Reihe von Fachleuten, von denen viele in unterschiedlichen Konstellationen an weiteren Stellungnahmen und Strategiepapieren mitwirkten.

Als Mitte November 2021 die 7-Tage-Inzidenz in Deutschland den damaligen Höchststand von rund 280 erreichte, erschien aus den Reihen dieser interdisziplinären Expert:innenallianz ein weiteres Strategiepapier (Priesemann et al. 2021b). Die zentrale Botschaft lautete, dass eine Impf- und Booster-Offensive notwendig sei, um den Anstieg der Neuinfektionen zu stoppen. Um die Wucht der vierten Welle zu brechen, plädierte das Autor:innenteam außerdem für einen kurzen, zweiwöchigen Lockdown, gewissermaßen als »Notschutzschalter«. Anders als in vielen anderen Stellungnahmen dieser Art werden unterschiedliche Szenarien entworfen: Neben einem einfachen »Weiter so!«-Szenario wird – zweitens – die Option angeboten, erst bei Erreichen der Belastungsgrenze des Gesundheitssystems die Maßnahmen zu verschärfen sowie drittens die – vom Team offensichtlich präferierte – Strategie einer »Impf- und Booster-Offensive«. Obwohl der Entwurf von Handlungsoptionen (im Plural) durchaus dem Duktus seriöser Expertise entspricht, hält sich die Vielfalt in Grenzen. Schließlich werden die Gegenpositionen eher als Karikaturen gezeichnet, einfach weil es innerhalb der Autor:innengruppe niemanden gibt, der diese Alternativen ernsthaft vertreten würde. Die Stellungnahme ist offensichtlich nur von Gleichgesinnten verfasst (oder unterzeichnet) worden. Das heißt, realer (oder potenzieller) Dissens wird nicht produktiv gemacht, eine wirkliche Selbstinfragestellung vermieden. Doch diese Selbstkritik wäre eine vertrauensbildende Maßnahme, weil sie den Eindruck verhindern würde, dass die Wissenschaft im Rahmen ihrer Stellungnahmen eine politische Agenda verfolgt.

In Österreich trat erstmals im November 2021 eine interdisziplinäre Expert:innenallianz mit einer schriftlichen Stellungnahme hervor (Bathke et al. 2021). In dem zweiseitigen Papier formuliert das 33-köpfige Team unmittelbar notwendige sowie mittel- und langfristig wirksame Maßnahmen, um den Weg »zurück in die Normalität« zu schaffen. Obwohl die Sozialwissenschaften prominent vertreten sind (wie auch in der europäischen »Contain Covid«- und der deutschen »No Covid«-Initiative), ist die Handschrift des Papiers ausschließlich durch die einschlägigen Naturwissenschaften geprägt (Virologie, Infektionsbiologie, Epidemiologie). Es ist nicht ersichtlich, dass die Fachleute aus den anderen Disziplinen einen Beitrag auf Basis ihrer Fachexpertise formuliert hätten. Interdisziplinarität wird auf diese Weise nur simuliert. So entsteht der Eindruck, dass man in erster Linie normativ Gleichgesinnte zur Unterzeichnung des Dokuments gefunden hat, um durch Ausweitung des Fächerkanons die Autorität der Wissenschaft zu erhöhen. Motiviert ist diese Strategie wohl vor allem durch die gemeinsame Krisenwahrnehmung: Angesichts gefährlicher Virusvarianten scheint sich eine akute Krise anzubahnen, zu deren Bewältigung es größtmöglicher Einigkeit bedarf – auch auf Seiten der Wissenschaft. Damit wiederholt sich das Problem, das oben anhand der 10. Leopoldina-Stellungnahme beschrieben wurde: Vor dem Hintergrund einer intensivierten Konfliktdynamik innerhalb der Gesellschaft nimmt sich eine einhellige Empfehlung interdisziplinärer Teams wie eine Fata Morgana aus, wie die Erfüllung eines Wunschtraums, der zu schön ist, um wahr zu sein.

Wissenschaftliche Konsenspolitik beginnt eine Rolle zu spielen, wenn die epistemischen und/oder normativen Voraussetzungen für einen weitreichenden Expert:innenkonsens nicht mehr gegeben sind. Sobald sich die Standpunkte und Interpretationen auch innerhalb der Wissenschaft vervielfältigen, lässt sich nur mithilfe aktiver Konsenspolitik der Druck auf die Politik so weit erhöhen, dass Alternativen als undenkbar erscheinen. Ein zentrales Problem dieser Konsenspolitik besteht also darin, dass sie wider Willen den Glauben an die Zwanglosigkeit des Konsenses in Zweifel zieht.

Ein zweites Problem dieser Konsenspolitik besteht in dem, was man auf gut Soziologendeutsch die Implizitisierung des Normativen nennen könnte. Was ist damit gemeint?

In den Konsenspapieren stehen klare Handlungsanweisungen im Vordergrund, nicht das Abwägen konkurrierender Positionen. Allerdings setzen Handlungsanweisungen (auch jene aus der Wissenschaft) notwendigerweise Wertentscheidungen voraus. Denn aus den Zahlen und Erkenntnissen allein – mögen sie auch noch so robust sein – ergibt sich noch kein politisches Handlungsprogramm. Auch wenn man die eigene Lesart der Zahlen für die einzig plausible Interpretation hält, ist es doch nie die einzig mögliche. Es gibt immer Alternativen; die müssen natürlich keineswegs besser sein, doch nur die offene Auseinandersetzung mit abweichenden Positionen begründet die Überlegenheit des eigenen Standpunkts. Und vor allem: Nur die Berücksichtigung relevanter Gegenstimmen macht deutlich, dass die eigenen Handlungsempfehlungen sich einer bestimmten, zwangsläufig normativen Lesart wissenschaftlicher Erkenntnisse verdanken. Anders gesagt: Der konstruktive Umgang mit Dissens verhindert, dass man die eigenen Werte unter dem hehren Titel wissenschaftlicher Wahrheit absolut setzt.

Konsenspapiere laufen deshalb immer Gefahr, die epistemische und normative Ebene kurzzuschließen. Denn sie präsentieren die politischen Forderungen normativer Gesinnungsgemeinschaften als zwangsläufiges Resultat aktueller wissenschaftlicher Einsichten. Indem die wissenschaftlichen Zahlen oder Tatsachen von den Experten übereinstimmend als Bedrohung zentraler Werte gedeutet werden, beginnen diese Zahlen, von sich aus »zu sprechen«. Anders gesagt: Die von den Fachleuten gemeinsam geteilten Wertepräferenzen verleihen den Zahlen eine eindeutige Bedeutung, einen klaren politischen Aufforderungscharakter. Dass diese scheinbare Selbstevidenz der Zahlen das Ergebnis einer Interpretationsleistung ist, wird nicht mehr kenntlich. Indem das Normative in die Darstellung der wissenschaftlichen Einsichten eingewoben wird, erhält das Faktische Appellcharakter. Auf dieser Implizitisierung des Normativen beruht die Konstruktion des Sachzwangs.

Dieser Sachzwang hat Folgen, und zwar auch für die Wissenschaft selbst. Denn natürlich gibt es weiterhin Gegenstimmen. Doch im Kontext eines autoritativen Expert:innenkonsenses erscheinen diese Gegenstimmen nicht nur als sachlich fragwürdig, sondern letztlich auch als politisch unverantwortlich.

Wenn politische Streitfragen als Sachfragen verstanden werden

Warum eigentlich Konsenspolitik? Warum politische Appelle anstelle abwägender Expertise? Warum eine letztlich normative Position mittels institutioneller Autorität als alternativlos darstellen? Weil für Abwägen keine Zeit ist? Weil es gar keine ernstzunehmenden Gegenpositionen gibt? Ich glaube, die Frage nach dem tieferen Beweggrund zur Konsenspolitik lässt sich nur beantworten, wenn mit Blick auf aktuelle Krisen und Konflikte eine Tendenz berücksichtigt wird, die als »Epistemisierung des Politischen« (Bogner 2021) beschrieben worden ist. Hinter diesem Unwort verbirgt sich die Beobachtung, dass politische Konflikte heute in vielen Fällen als Wissenskonflikte ausgetragen werden. Dies gilt für Auseinandersetzungen um Pestizide und Dieselfahrverbote, um die Gefahren der 5G-Technologie und der grünen Gentechnik, um den Klimawandel und die Impfpflicht. In diesen und anderen Fällen konzentriert sich der Streit auf Wissensfragen wie etwa: Wie hoch ist das Risiko? Welche Gefahren bestehen für Mensch und Umwelt tatsächlich? Welcher Grenzwert ist der richtige? Die Kontrahenten in diesen Streitigkeiten trennt vieles, doch in einem zentralen Punkt stimmen sie überein, nämlich dass diese Konflikte nur durch wissenschaftliche Expertise, also durch die Macht der Zahlen und Fakten entschieden werden können. Man glaubt, mit anderen Worten, dass politische Streitfragen (wie zum Beispiel: »Brauchen wir härtere Maßnahmen?«) im Wesentlichen Sachfragen sind, auf die es nur eine richtige, aber viele falsche Antworten gibt.

Im Zuge dieser Wissenskonflikte werden – die für Politik typischen – Interessen- und Wertfragen nebensächlich, und die Erwartung lautet: Eine fortschrittliche, rationale Politik muss jene Maßnahmen durchsetzen, die die Mehrheit der Experten fordert. *Follow the science!* Und das heißt im Verständnis vieler aufgeklärter Zeitgenossen für die politischen Repräsentanten eben nicht nur: Lasst euch gefälligst durch die Wissenschaft informieren! Sondern: Setzt endlich die Empfehlungen der Wissenschaft um, und zwar schleunigst! Gerade in der vierten Welle wurde diese Forderung immer dringlicher. Das war verständlich, denn die Politik hatte es offensichtlich versäumt, die frühzeitigen Warnungen der Wissenschaft für eine vorausschauende Strategie zu nutzen. Die Politik muss sich daher den Vorwurf gefallen lassen, ihre Gestaltungsmöglichkeiten nicht genutzt zu haben. Gleichzeitig bleibt daran zu erinnern, dass auch eine wissenschaftlich einschlägig informierte Politik natürlich Handlungsspielräume hat. Die Aufforderung an die Politik, der Wissenschaft zu folgen, wird fragwürdig, wenn der Politik mit diesem Rezept Ideologiefreiheit verschrieben werden soll. Eine Politik, die politische Streitfragen als reine Sachfragen verstünde, würde sich überflüssig machen.

Konsenspolitik ist vor allem dann attraktiv, wenn man glaubt, dass sich die politischen Dinge wissenschaftlich klären lassen und die Politik daher im Wesentlichen die wissenschaftlichen Empfehlungen umzusetzen hat. Würde man politische Streitfragen hingegen primär als Interessen- oder Wertfragen verstehen, wäre die Politik aufgerufen, sich wissenschaftlich zu informieren, doch der Anreiz zur Konsenspolitik wäre deutlich geringer. Schließlich würde man in Interessen- und Wertkonflikten widersprüchliche Standpunkte erwarten und davon ausgehen, dass sich in diesen Fällen keine eindeutig überlegene Lösung finden wird, sondern allenfalls ein kluger Kompromiss. Die Pandemie wirft viele Fragen auf, die primär normativen Charakter haben, weil es um Rechte, Werte und die Verhältnismäßigkeit politischer Maßnahmen geht. In diesen Auseinandersetzungen kann und soll auch die Wissenschaft Position beziehen. Sie sollte nur nicht vorgeben, dass sie aufgrund ihrer Zahlen, Modelle und Simulationen alternativlose Antworten zu bieten hätte.

Rollen(kon)fusionen: engagierte Expert:innen

Wie lautet das Fazit? In der Wissensgesellschaft werden viele politische Konflikte als Auseinandersetzungen um das bessere Wissen ausgetragen. In diesen Wissenskonflikten eröffnet sich immer dann die Möglichkeit zu einer Politik der Alternativlosigkeit, wenn sich demonstrativer Expert:innenkonsens in Form von Stellungnahmen mit politischem Appellcharakter äußert. Unter Verweis auf das rational Gebotene kann die Politik Deliberationsprozesse abkürzen und letztlich scheinbar reine Fachfragen der demokratischen Diskussion entziehen. Dies gilt insbesondere für Krisensituationen: Weil die Politik ohne die Wissenschaft hilflos wäre, bietet sich für die Wissenschaft die Chance, Politik zu betreiben. Gerade in der Krise, so hat der Historiker Caspar Hirschi zuletzt argumentiert, wächst die Versuchung für Fachleute, ihre normativen Anliegen im Rekurs auf die Wissensebene durchzusetzen. »Man stellt sich gleichzeitig über die Niederungen des politischen Gezänks, indem man sich auf die alleinige Autorität der Wissenschaft beruft und greift in die Politik ein, um den Spielraum an Handlungsoptionen im Sinne der eigenen Werteprioritäten einzuschränken.« (Hirschi 2021: 163)

In der Corona-Krise begegnen uns Expert:innen, die professionelle Distanz, also den Habitus des klassischen Sachverständigen, mit dem politischen Engagement der Aktivist:in (oder des Intellektuellen) verbinden. Dieser Entgrenzung der Expert:innenrolle entspricht eine Entgrenzung auf der semantischen Ebene: In Gestalt der Konsenspolitik werden Ansprüche auf normative Richtigkeit und wissenschaftliche Wahrheit vermischt. Man beansprucht, eine unangreifbare normative Position zu haben, und zwar aufgrund besseren Wissens. In loser Analogie zu Antonio Gramsci könnte man sagen: Wertekonsens gepanzert mit Evidenz – der Wucht dieser autoritativen Übermacht kann sich die Politik kaum entziehen. Der Wissenschaft zu folgen, wird auf diese Weise zum Gebot der Stunde, weil politische Entscheidungen, die auch nur graduell von der Expert:innenanweisung abweichen, nicht als Ausdruck alternativer Werteprioritäten, sondern schlichtweg als irrational erscheinen.

Die Corona-Pandemie macht deutlich, dass Krisensituationen problematische Rollen(kon)fusionen fördern, auf Seiten der Politik wie auch der Wissenschaft: Während Expert:innenallianzen mithilfe interdisziplinärer Konsenspapiere Politik betreiben, trägt eine Politik, die zwecks Legitimation auf wissenschaftlichen Konsens hofft, zur Entpolitisierung bei. Es ist also grundsätzlich erforderlich, den normativen Charakter jedes politischen Pandemie-Managements anzuerkennen. Denn erst dies macht die real existierenden Freiheitsgrade der Politik auch tatsächlich sichtbar. Wissenschaftliche Beratung lässt sich für demokratische Politik nur dann fruchtbar machen, wenn durch die Konzentration auf Wissensfragen nicht der normative Kern des Politischen verloren geht.

Literatur

Bathke, Arne et al.: Zurück in die Normalität – mit der Impfung schütze ich mich und andere, mit zusätzlichen PCR-Tests schaffen wir Sicherheit für uns alle! »Unabhängiges Statement der Wissenschaft«, 12.11.2021. https://www.futureoperations.at/fileadmin/user_upload/k_future_operations/211112_Unabha__ngiges_Statement_der_Wissenschaft.pdf.

Bayerische Staatsregierung: Bericht aus der Kabinettssitzung vom 17. März 2020. https://www.bayern.de/bericht-aus-der-kabinettssitzung-vom-17-maerz-2020/.

Birnbaum, Robert / Ismar, Georg: Schäuble will dem Schutz des Lebens nicht alles unterordnen. Interview mit Wolfgang Schäuble. In: *Tagesspiegel* am 26. April 2020. https://www.tagesspiegel.de/politik/bundestagspraesident-zur-corona-krise-schaeuble-will-dem-schutz-des-lebens-nicht-alles-unterordnen/25770466.html.

Bogner, Alexander: *Die Epistemisierung des Politischen. Wie die Macht des Wissens die Demokratie gefährdet.* Stuttgart 2021.

Hirschi, Caspar: Expertise in der Krise. Zur Totalisierung der Expertenrolle in der Euro-, Klima- und Coronakrise, S. 161–185. In: Sebastian Büttner und Thomas Laux (Hg): *Umstrittene Expertise. Zur Wissensproblematik der Politik* (Leviathan Sonderband 38). Baden-Baden 2021.

Leopoldina: 3. Ad-hoc-Stellungnahme: Coronavirus-Pandemie – Die Krise nachhaltig überwinden. 13. April 2020. https://www.leopoldina.org/uploads/tx_leopublication/2020_04_13_Coronavirus-Pandemie-Die_Krise_nachhaltig_%C3%BCberwinden_final.pdf.

Leopoldina: Coronavirus-Pandemie: Klare und konsequente Maßnahmen – sofort! 10. Ad-hoc-Stellungnahme zur Coronavirus-Pandemie. 27. November 2021. https://www.leopoldina.org/fileadmin/redaktion/Publikationen/Nationale_Empfehlungen/2021_Coronaviurs-Pandemie_Klare_und_konsequente_Ma%C3%9Fnahmen.pdf.

Merkel, Wolfgang: Who Governs in Deep Crises? The Case of Germany. In: *Democratic Theory* 7 (2): 1–11, 2020.

Pielke, Roger A.: *The Honest Broker: Making Sense of Science in Policy and Politics*. Cambridge 2007.

Popper, Karl: *Logik der Forschung*. 4. verb. Auflage (Orig. 1934). Tübingen 1971.

Priesemann, Viola et al.: An action plan for Pan-european defence against new SARS-CoV-2 variants. In: *The Lancet* 397 (10273): 469–470, 2021a. Online 6.02.2021: https://doi.org/10.1016/S0140-6736(21)00150-1.

Priesemann, Viola et al.: Nachhaltige Strategien gegen die COVID-19-Pandemie in Deutschland im Winter 2021/2022. Positionspapier vom 11.11.2021, 2021b. https://depositonce.tu-berlin.de/handle/11303/13862.

Schmoll, Heike: Nachdenken im Schnelldurchgang. Wie eine Ad-hoc-Stellungnahme der Leopoldina entsteht. In: *Frankfurter Allgemeine Zeitung* vom 17. April 2020.

Heribert Prantl
Grundrechte in Quarantäne

Das Leiden der Demokratie
Die Gesellschaft braucht in und nach der Pandemie mehr als Gesundheit. Sie braucht Heilung. Das Sichere war und ist in der Pandemie nicht mehr sicher, das Sichere war und ist die Unsicherheit. Weil das kaum aushaltbar ist, wuchs die rechthaberische Sicherheit über die Richtigkeit der eigenen Meinung. Es gibt eine grassierende Unduldsamkeit, es gibt eine wachsende Unfähigkeit, Andersdenkende verstehen zu wollen und verstehen zu können. Die angstbesetzte Polarität der Reaktionen auf Corona wird wieder einem zuhörenden und diskutierenden Miteinander Platz machen müssen.

Corona hat Konflikte verschärft. Die Frage nach dem Stellenwert des Rechts auf Leben – sie war schon durch das Sterben der Flüchtlinge im Mittelmeer drängend. Die Fragen nach der Notwendigkeit massiver staatlicher Eingriffe und nach der Rolle des Parlaments dabei – sie waren schon in der Bankenkrise drängend und sie werden es erst recht in der Klimakrise sein. Die Frage nach der Sammlung und der Nutzung von Daten – sie war schon nach den Enthüllungen von Edward Snowden drängend. So kann man die Fragen weiter aufzählen, und es ist mühsam, furchtbar mühsam, Antworten zu finden.

Maßnahmen, die eigentlich Irrsinn sind, galten und gelten, wenn es um Corona-Prävention geht, als sinnhaft, als geboten, als alternativlos, als absolut notwendig, als noch lang nicht ausreichend. Big Brother, also der Präventionsstaat, der sich zuvor mit Video- und Kommunikationsüberwachung, Vorratsdatenspeicherung und Gendateien bei vielen verdächtig gemacht hatte, wurde vielen in der Corona-Zeit ein Freund und Partner. Und nicht wenige schauten und schauen mit sehnsüchtigen Augen nach Fernost, wo Big Brother, zur Prävention und Repression von Corona, noch viel bigger ist als in Europa. Corona, die Angst davor und die Maßnahmen zum Schutz vor COVID-19 haben geschafft, was die Weltkriege nicht geschafft haben: Nicht nur Gaststätten und Sportstätten, nicht nur Schulen und Theater, Konzertsäle, Museen und Galerien, selbst die Kirchen wurden geschlossen, Menschen durften sich nicht mehr treffen, es gab Ausgangs- und Besuchs- und Kontaktverbote, Hochzeiten und Taufen fielen aus, Firmungen wurden abgesagt und Konfirmationen; Beerdigungen durften nur noch im kleinen oder kleinsten Kreis stattfinden.

Der Ausnahmezustand lugte nicht mehr nur um die Ecke, er war da und ließ das gesellschaftliche und kulturelle Leben ersterben. Die Maske, der Mund-Nasen-Schutz, zu tragen an allen Orten, die für den spärlichen Rest des öffentlichen Lebens noch geöffnet waren, wurde zum Symbol der Krise. Demokratie lebt von der Überwindung sozialer Distanz, von möglichst viel Kommunikation. Bei der Pandemie mit einem respiratorischen Erreger wurde das Gegenteil die Devise: Social Distancing. Für eine überschaubare Zeit mag das so sein müssen. Wenn das zu lange dauert, leidet die Demokratie.

Das Leiden der Demokratie begann durch den Rückzug des Bundestags im langen ersten Jahr der Krise: Vor dem Lockdown des wirtschaftlichen und gesellschaftlichen Lebens kam der politische Selbst-Lockdown des Parlaments. Der Bundestag hat in der historischen Corona-Zeit, in einer Schicksalszeit von Staat und Gesellschaft, auf intensive Diskussionen zu COVID-19 weitgehend verzichtet; er hat es zugelassen, dass parlamentarische Beratungen und Abstimmungen ersetzt wurden durch die Treffen der Bundeskanzlerin mit den Ministerpräsidentinnen und Ministerpräsidenten. Der Bundestag hat lange geduldet, dass per Verordnung Grundrechte auf- und zugedreht wurden – gerade so, als hätte ein Grundrecht Armaturen wie ein Wasserhahn. Das darf nicht mehr, das darf nie mehr passieren. Das Anti-Corona-Procedere darf nicht zur Blaupause werden für künftige Krisen.

Die Einschränkung der Grundrechte

Werden sämtliche Anti-Corona-Maßnahmen irgendwann enden und wann ist irgendwann? Gehen die Demokratie und der Rechtsstaat am Irgendwann kaputt? Werden die Anti-Corona-Maßnahmen, wenn sie geendet haben, immer wieder aufleben? Ist die Grundrechtseinschränkung das neue Normal? Werden die Entfremdungsregeln künftig bei jedem neuen Virus von Neuem aktiviert? Müssen wir uns an ein an- und abschwellendes, andauerndes »Fürchtet Euch« gewöhnen? Fürchtet Euch? Das wäre keine gute Botschaft.

Wir brauchen eine große Phase des Nachdenkens und der Reflexion. Mit »wir« meine ich tatsächlich möglichst alle, da, wo sie in Verantwortung stehen. Wir alle müssen darüber nachdenken, was wir falsch und was wir richtig gemacht haben, darüber, was richtig und sinnvoll war. Wir brauchen Besinnung, Aufarbeitung und die rechtliche Durchdringung der ganzen Maßnahmen. Dazu brauchen wir in einer sehr gespaltenen Gesellschaft eine offene und respektvolle Diskussion, in der wir immer die Möglichkeit in Betracht ziehen sollten, dass auch der Andersdenkende recht haben könnte. Eine solche Diskussion hat es kaum gegeben, es gibt sie immer noch nicht. Ob man nach Corona unproblematisch zum Status quo ante zurückkehren kann? Erleidet das Freiheitsverständnis der Gesellschaft einen bleibenden Schaden?

Grundrechte sind kein Larifari. In einem demokratischen Rechtsstaat steckt die Kraft der Hoffnung in den Grundrechten. In der Corona-Krise haben mir Leute immer wieder gesagt und geschrieben: »Übertreiben Sie es nicht mit Ihrem dauernden Rumreiten auf Demokratie und Grundrechten, lieber Prantl!« Ich habe geantwortet: »Kann man es als Demokrat mit der Demokratie übertreiben?« Ein guter Bekannter meinte zu den Grundrechtseinschränkungen, dass einst mein Oberpfälzer Landsmann Hermann Höcherl als Bundesinnenminister im Kabinett von Konrad Adenauer schon recht gehabt habe mit seinem Satz, dass seine Beamten »nicht den ganzen Tag mit dem Grundgesetz unter dem Arm herumlaufen« könnten. »Ob sie es unterm Arm tragen«, habe ich geantwortet, »ist mir gleich. Aber im Kopf und im Herzen müssen die Politiker und ihre Beamten das Grundgesetz haben, wenn es darum geht, Kontaktsperren und Betriebsschließungen vorzuschreiben, durchzusetzen und wieder aufzuheben.« Und: Auch aus berechtigter Sorge darf man nicht »etwas außerhalb der Legalität« handeln, wie Höcherl seinerzeit die Rechtsbrüche in der Spiegel-Affäre zu beschwichtigen versuchte.

Die Beschlüsse des Bundesverfassungsgerichts zur Bundesnotbremse und zur Anti-Corona-Politik von Ende November 2021 haben der Politik fast alle Freiheiten zur und bei der Corona-Bekämpfung gegeben. Ich halte diese Beschlüsse für falsch. Gewiss: Das Grundrecht auf Leben und Gesundheit ist ein großes, wichtiges, wertvolles Grundrecht. Aber es müssen nicht automatisch alle anderen Grundrechte beiseite springen, wenn der Staat auch nur behauptet, dass die Maßnahmen, die er verordnet, dem Lebensschutz dienen. Das muss geprüft werden. Da reicht es nicht, wenn das Gericht stattdessen von einem angeblich schlüssigen Gesamtkonzept der Corona-Bekämpfung fabuliert – und sich so die penible grundrechtliche Prüfung der einzelnen Bekämpfungsmaßnahmen erspart. Karlsruhe hat schöne theoretische Ausführungen zum Inhalt der Grundrechte gemacht, es hat gar ein neues Grundrecht auf schulische Bildung geschöpft – aber dann gesagt, die Corona-Eingriffe in diese Grundrechte seien in Ordnung. Ich habe beim Lesen ans Tontaubenschießen gedacht: Erst werden die Grundrechte hochgeschossen, dann werden sie abgeschossen.

Wir erfahren und erleben in der Corona-Pandemie, dass Freiheiten nicht einfach existieren und nicht einfach bestehen bleiben, sondern in Anspruch genommen werden müssen, dass man Freiheiten, dass man Grundrechte verteidigen muss. Nicht die Freiheit muss sich rechtfertigen, sondern ihre Beschränkung und Begrenzung: So lernen es die Juristinnen und Juristen schon im Anfängerseminar. In der Corona-Zeit begann dieser Satz bald zu wackeln und zu bröckeln; er wurde von der Politik umgedreht. Daher war und ist der Lehrsatz von der Verhältnismäßigkeit der Mittel noch nie so wichtig wie in der Corona-Krise. Er ist kein Wischi-Waschi-Satz. Es ist ein Satz mit Substanz, ein Kernsatz des Rechts. Und »Maßhalten« – das ist kein Wort zum Schmunzeln, sondern ein Wort, das die Grundrechte vor übermäßigen Eingriffen schützen soll; es ist ein rechtsstaatlicher Überspannungsschutz. Selbst Karlsruhe hat diesem Schutz nicht den Rang gegeben, der ihm gebührt.

Es ist in der Corona-Zeit eine Stimmung entstanden, die Grundrechte in Krisenzeiten als Gefahr betrachtet. Man konnte und kann beobachten, wie ansonsten kritische, aber sehr gesundheitsbesorgte Menschen schon aggressiv reagieren, wenn einer zu fragen wagt, ob es denn angemessen und verhältnismäßig ist, was der Staat da an Verboten verordnet. Wer sich nicht daran gewöhnen möchte, dass massivste Einschränkungen der Grundrechte zu den Bewältigungsstrategien einer Krise gehören, sieht sich schnell in eine Reihe mit »Querdenkern«, »Covidioten« oder gar mit Neonazis gestellt, die sich die Grundrechte, die sie sonst verachten, wie einen Tarnanzug überziehen.

Die Aufregung über echte und angebliche Verschwörungsphantasten überlagert die notwendige Diskussion über die Einschränkung von Grundrechten. Es darf nicht so weit kommen, dass diejenigen, die die Grundrechte verteidigen oder die aus existentieller Angst gegen die Schutzverordnungen protestieren, weil diese sie wirtschaftlich und psychisch zum Absturz bringen, auf einmal als Verschwörungsfuzzis abgefertigt werden. Das Wort »Verschwörungstheoretiker« ist ein Diskussions-Totschlag-Wort geworden. Und wer zu oft »Verfassung« sagt, macht sich verdächtig. Das ist nicht gut.

Die Pressefreiheit heißt Pressefreiheit, weil die Presse die Freiheit verteidigen soll. Es gilt, die Freiheit, unter der Gefahr des Corona-Virus, zu verteidigen – so gut es nur geht. Die Verteidigung besteht darin, die Grundrechte zu achten, zu schützen und abzuwägen. Zu diesen Grundrechten zählt natürlich auch ganz wesentlich das Grundrecht auf Leben und auf körperliche Unversehrtheit. Aber der Schutz dieses Grundrechts kann und darf nicht dazu führen, dass die anderen Grundrechte ihren Schutz verlieren. Die Verteidigung der Grundrechte besteht darin, die Grundrechte zu schützen davor, dass die Maßnahmen gegen das Virus von den Grundrechten nur noch die Hülle übrig lassen. Pressefreiheit besteht in der Warnung davor, dass Notgesetze einfach immer wieder verlängert werden, dass man sich daran gewöhnt, dass angeblich eine Notlage von nationaler Tragweite herrscht, unabhängig davon, ob die Indizien und die Inzidenzwerte eine solche Bewertung noch tragen.

Pressefreiheit ist dafür da, hemmungslos zu fragen und zu recherchieren, was die Verbote nützen und welche Schäden sie verursachen. Pressefreiheit ist dafür da, die Bewegungsfreiheit, die Versammlungsfreiheit, die Religionsfreiheit, die Gewerbefreiheit zu verteidigen – und das Grundrecht auf Leben auch derer, deren Leben durch den Aufschub von Operationen oder das Ausbleiben von Lebenshilfen gefährdet wurde und wird. Ziel aller Maßnahmen muss es sein, diese Maßnahmen möglichst schnell wieder überflüssig zu machen.

Freiheiten und Pflichten in der Krise

Welche Antworten auf die Pandemie auch immer gesucht und gefunden werden – das Suchen und Finden darf kein autoritäres werden; es muss ein demokratisches Suchen und Finden bleiben. Es muss mit dem Wissen einhergehen, dass es immer eine Vielheit von Stimmen und Alternativen, dass es den mühsamen Weg des Hörens, Verstehens und Aushandelns gibt. Nicht nur die Bekämpfung des Virus ist das Ziel. Auch der Weg dahin ist das Ziel – nämlich dabei die Gesundheit der Demokratie und den gesellschaftlichen Ausgleich zu bewahren. Eine gute Demokratie vertraut der Vernunft ihrer Bürgerinnen und Bürger – und zwar auch dann, wenn diese protestieren und demonstrieren. Die Demonstrationsfreiheit ist ein Ur-Grundrecht. Sie gehört zum Kern der Demokratie, auch in Corona-Zeiten. Sie ist das Grundrecht der Unzufriedenen und der Unbequemen. Einen friedlichen Protest dagegen zu verachten, ist falsch. Unmut muss ein Ventil haben: zu demonstrieren, ist so eines. Man darf die Grundrechte nicht mit den Radikalen und Extremisten allein lassen. Wir brauchen die Grundrechte auch noch nach der Pandemie.

Das Grundrecht der Versammlungs- und Demonstrationsfreiheit ist jedoch nicht nur das Grundrecht der Unzufriedenen und der Unbequemen. Es ist auch das Grundrecht der Aufsässigen. In einer Demokratie darf man unzufrieden, unbequem, auch aufsässig sein – solange man sich dabei nicht strafbar macht. Unzufrieden sein, unbequem sein, empört sein, auch aufsässig: man darf das, ja; und man soll das auch zeigen und zeigen dürfen. Das ist keine Verirrung der Demokratie, das ist Demokratie. Kurz: Unmut muss ein Ventil haben, auch in Corona-Zeiten. Die Versammlungs- und Demonstrationsfreiheit ist so ein Ventil. Aber: Das, was aus dem Ventil herauskommt, darf nicht giftig sein. Es gibt Grenzen des Tolerablen. Die verlaufen dort, wo die Gewalt, die Volksverhetzung und die Gesundheitsgefährdung beginnen.

Wir haben eine erregte Debatte über die Impfpflicht geführt und führen sie immer noch. Ich halte die Corona-Impfung für richtig, wichtig und geboten. Aber man darf Grundrechte nicht unter einen pauschalen Impf-Vorbehalt stellen. Vergessen wir nicht: Man kommt geimpft auf die Welt. Man kommt auf die Welt und ist von da an und zeitlebens geimpft mit Grundrechten. Man hat sie von Anfang an. Man hat sie, weil man Bürger:in ist, man hat sie, weil man Mensch ist. Grundrechte sind im demokratischen Rechtsstaat keine Privilegien, die man sich erst durch ein bestimmtes Handeln oder durch ein bestimmtes Verhalten verdienen kann oder verdienen muss. Der Mensch ist von Anfang an mit Grundrechten geimpft. Es ist dies ein Schutz, der da ist und da bleibt, wie immer das Leben eines Menschen verläuft, welches Leben er auch lebt. Im Staat der Pandemie ist das anscheinend anders. Da muss man sich gegen Corona impfen lassen, um die Grundrechte in Anspruch nehmen zu dürfen. Wer sich nicht impfen lässt, der wird zwar nicht festgehalten und zwangsgespritzt, er wird aber gedrängt und gezwiebelt. Er wird von der gesellschaftlichen Teilhabe mehr und mehr praktisch ausgeschlossen. Das Alltagsleben öffnet sich nur noch den Geimpften und den Gesundeten. Für Ungeimpfte soll es in Deutschland auch keine Lohnfortzahlung mehr geben, wenn sie in Quarantäne müssen, weil ihr Kind sich in der Schule Corona eingefangen hat. Es gibt Forderungen, dass Ungeimpfte, wenn sie ins Krankenhaus müssen, dafür einen Eigenbeitrag zahlen müssen.

So entsteht erst eine finanzielle Impfpflicht, dann eine gesetzliche. Wer nicht hören will, muss fühlen: Weil er sich nicht solidarisch verhält, wird er aus der Solidargemeinschaft verstoßen. Das Argument dafür lautet: Warum soll die Gesellschaft der Geimpften für die anderen, für die Nichtgeimpften, zahlen? Ja, warum? Weil das unsere Gesellschaft ausmacht. Die solidarische Gesellschaft macht keine Schuldrechnungen auf. Sie ist nicht nur für die da, die angeblich alles richtig machen. Sie ist auch für die da, die echt oder angeblich einiges falsch machen. Solidarität hängt nicht davon ab, dass der, der Hilfe braucht, sich so verhält, wie es die anderen erwarten. Das Spital ist daher auch für den geöffnet, der betrunken an den Baum gefahren ist.

Das Corona-Denken ist freilich dabei, die Individualgrundrechte zu vergemeinschaften und der Volksgesundheit unterzuordnen. Die Individualrechte werden kollektiviert. Der einzelne Mensch und seine Rechte treten zurück hinter dem Großen und Ganzen, hinter kollektiven Werten. Ein freiheitsfeindlicher Zeitgeist diskreditiert Grundrechte als Egoistenrechte. Das ist falsch. Es sind schlicht Rechte, die voraussetzungslos gelten, für jeden; man kann und muss sie sich nicht erwerben, auch nicht durch eine Impfung. Die Gefahr in der Gefahr besteht also darin: Die Menschen werden daran gewöhnt, dass heftige Einschränkungen der Grund- und Bürgerrechte zu den Bewältigungsstrategien einer Krise gehören – und dass das Unverhältnismäßige in Krisen als verhältnismäßig gilt. Die Begleitmelodie dazu lautet: »Man kann sich ja die Grundrechte durch ein bestimmtes Verhalten wieder verdienen.« Die Individualgrundrechte werden dadurch nicht nur eingeschränkt, sie verändern auch komplett ihren Charakter.

Die Debatte um die Impfpflicht stößt »in einen Raum vielfacher Ungewissheit«. So beginnt die Stellungnahme des Deutschen Ethikrates dazu, die kurz vor Weihnachten 2021 publiziert worden ist; der Ethikrat kann diese Unsicherheit nicht beenden, er beschreibt sie aber eindringlich – und kommt dann zu einem mehrheitlichen Votum für eine generelle Impfpflicht. Schon die Gespaltenheit des Votums zeigt: Es geht um eine ethische Frage mit schwierigen Abwägungen, bei der familiäre und soziale Vorprägungen eine Rolle spielen. Bei so einer Sachlage ist ganz gewiss die freie Gewissensentscheidung im Parlament angemessen und geboten. Eine gewissensgeleitete Debatte im Parlament könnte Vorbild sein für eine differenzierte gesellschaftliche Debatte.

Wie würde ich entscheiden, wenn ich Abgeordneter wäre? Ich bin grundsätzlich ein Gegner dieser Impfpflicht. Aber ich würde mich von einer bitteren, aber ehrlichen Feststellung leiten lassen: Das Land betreibt, seit es Impfstoffe zur Genüge, nicht aber genügend Impfwillige gibt, eine unwahrhaftige Politik – die das Vertrauen mittlerweile noch mehr zersetzt als der Bruch des vormaligen politischen Versprechens, dass es keine Impfpflicht geben wird. Die einst gelobte Freiwilligkeit des Impfens ist längst ausgehöhlt. Wer sich nicht impfen lässt, der wird zwar nicht festgehalten und zwangsgespritzt, er wird aber moralisch diskreditiert. Und Geimpfte sind am Ende ihrer Geduld mit Ungeimpften. Das uneingeschränkte Alltagsleben öffnet sich auch den Geimpften oft nur dann, wenn sie zusätzlich einen aktuell negativen Test vorweisen. Die Gesellschaft muss einen Weg finden, aus den changierenden Viertel-, Halb- und Ganz-Lockdowns für Geimpfte und Ungeimpfte hinauszufinden.

Wie würde ich also entscheiden? Ich halte es für eine falsche, aber ehrlichere Lösung, aus der faktischen Impfpflicht eine rechtliche Impfpflicht zu machen. Das ist gewiss hochproblematisch, weil die körperliche Selbstbestimmung zu Recht als sehr hohes Gut gilt. Die bisherigen Grundrechtseinschränkungen – die die Freiheit, die Menschenwürde und, auch, die körperliche Integrität von Menschen verletzen (wenn beispielsweise die Entfernung ihres Tumors verschoben werden muss) – sind aber jedenfalls in ihrer Vielzahl massiver als die Aufhebung der Selbstbestimmung über die Impfung. Sie überziehen die gesamte Gesellschaft auf unabsehbare Zeit mit immer neuen Freiheitsbeschränkungen. Eine gesetzliche Impfpflicht möchte ich daher mit der begründeten Aussicht auf das Ende dieser Freiheitsbeschränkungen verbunden wissen. Ein Junktim also. Ohne Junktim keine Impfpflicht. Die Impfpflicht wäre dann der Aus- und der Notweg aus einem Circulus vitiosus der Grundrechtseinschränkungen.

Die Welt nach Corona: Ich wünsche mir, dass die Einschränkungen der Grundrechte, die wir erleben und erlebt haben, das Bewusstsein für den Wert dieser Grundrechte wieder schärfen. Ich wünsche uns die Erkenntnis, dass Grundrechte Regeln sind, die das Zusammenleben auch und gerade in Zeiten der Not lenken und leiten. Es wurde in der Corona-Krise oft so getan, als sei ein *freedom day,* als sei der Tag, an dem alle Beschränkungen wieder entfallen, etwas Hochproblematisches; als sei es unanständig, sich einen solchen Tag zu wünschen, als sei das schon an der Grenze zur Verfassungsfeindlichkeit. Es ist dies aber einfach der Tag, an dem die Grundrechte wieder voll und ganz und ohne jede Einschränkungen gelten. Wer sich diesen Tag wünscht, wer ihn herbeisehnt, der wünscht sich den Normalzustand, so wie ihn sich das Grundgesetz vorstellt. Wer sich den *freedom day* wünscht, der will nicht das immerwährende Oktoberfest; er will einfach das uneingeschränkte gesellschaftliche und private Leben zurück. Dieser Wunsch ist und bleibt gut und wichtig. Darin steckt der Wille zur Zukunft.

Markus Gabriel

Der blinde Fleck der Komplexität – die Wissenschaften in der Krise

Wir, das heißt die Menschheit, befinden uns in einer komplexen Krisenlage: Die anhaltende Corona-Krise ist mit geopolitischen Krisen verzahnt, die mit Wert- und Wirtschaftskrisen verwoben sind. Die Prozesse der sogenannten Digitalisierung wiederum befeuern bereits bestehende Krisen (indem digitale soziale Netzwerke die Krise der liberalen Demokratie befördern) und erzeugen andererseits neuartige Krisen, indem ihr Fortschrittspotenzial nicht optimal genutzt wird. Die Liste der Krisen ließe sich beinahe beliebig erweitern. Dabei werden all diese Krisen von der Klimakrise überschattet, die wiederum mit den anderen Krisen interagiert, weil sie weitere Pandemien, Flutkatastrophen und Extremereignisse hervorbringen wird, die wir derzeit noch keineswegs abschätzen können.

Die auf diese Weise zu einer Stapelkrise aufgetürmte Sachlage ist in einem präzisen Sinne als *komplex* einzustufen (vgl. Gabriel/ Scobel: 2021). Denn die Elemente der verschiedenen Krisen greifen ineinander und beeinflussen sich wechselseitig. Es ist deswegen sinnlos, eine der Krisen auszuwählen und gesondert zu behandeln, wenn man nicht bedenkt, welche Auswirkungen der angedachte Lösungsraum für die anderen Krisen hat. So können Grenzschließungen unter Umständen das Infektionsgeschehen einer akuten Pandemie verlangsamen, dabei aber gleichzeitig geopolitische und wirtschaftliche Folgeschäden haben, die den kurzfristigen wirklichen oder scheinbaren epidemiologischen Nutzen langfristig in den Schatten stellen. Und die psychosozialen Folgeschäden der Lock- und Shutdowns sind noch nicht ansatzweise geistes- und sozialwissenschaftlich ausgelotet. Hinzu kommt, dass die Einschränkungen des globalen Reiseverkehrs einerseits die CO_2-Emissionen gesenkt haben, ohne dass andererseits berücksichtigt wird, dass Videokonferenzen und die Digitalisierung ihrerseits teils massiv in den Energiehaushalt eingreifen und damit Emissionen produzieren, die in ihrer Gesamtmenge kaum bemessen sind. Das »Carbon Optimum« ist nicht hinreichend berechenbar, auch dies ist ein Teilaspekt der Komplexität.

Das gilt natürlich nur so lange, als die Energie- und vor allem die Elektrizitätsgewinnung auf fossilen Ressourcen basieren. Hinzu kommt, dass die Gesamtbilanz des sogenannten Homeoffice ebenfalls eine komplexe Angelegenheit ist. Einerseits werden schlecht isolierte Bürogebäude weniger genutzt, was einen Anteil an der CO_2-Einsparung hat. Verbindet man das mit dem geringeren Pendelvolumen wiegen die Elektrizitätskosten im Homeoffice dies in Summe wohl nicht auf. Dafür haben Lockdowns, die ins Homeoffice nötigen, massive psychosoziale Folgen, weil die Aufhebung der sozial wertvollen Unterscheidung von Arbeitswelt und Privatsphäre einen tiefen Eingriff in die Lebensführung und Freizeitgestaltung vieler Arbeitnehmer:innen mit sich bringt – ganz zu schweigen von dem Umstand, dass nicht alle Arbeitnehmer:innen überhaupt einen angemessen Arbeitsort in ihrem Privatbereich haben.

Kurzum: Eine *komplexe Krisenlage* liegt vor, wenn der als sinnvoll erachtete Eingriff in ein krisengeschütteltes Teilsystem T1 unbeobachtete Kollateralschäden in einem anderen Teilsystem T2 auslöst, welche die Lösungsstrategie für T1 teilweise oder im schlimmsten Fall sogar gänzlich konterkarieren.

Die ökologische Krise ist schon per definitionem der Paradefall einer komplexen Krisenlage. Denn es geht bei ihr um das Gefüge von Mensch, nicht-menschlichen Lebewesen und der von allen Lebensformen geteilten sogenannten Umwelt. Ökologisch zu denken heißt, systemisch vorzugehen, das heißt Verursachungszusammenhänge (Kausalität) nicht nur als Interaktion zwischen mehr oder weniger einfachen Elementen, sondern als einen Zusammenhang zu begreifen, bei dem das Ganze Einfluss auf die Teile hat. In der gegenwärtigen Wissenschaftstheorie spricht man hierbei von »Top-Down-Verursachung«, also von Ursachenketten, die von einem größeren Ganzen auf seine Teile zurückwirken (vgl. Gabriel, Voosholz 2021).

Die schlechte Nachricht lautet nun, dass wir es in der Corona-Krise bisher nicht geschafft haben, die Komplexität der Sachlage in der öffentlichen Selbstverständigung abzubilden. Der tägliche Bericht über das Infektionsgeschehen, der dieses in Kennzahlen repräsentiert, die weiterhin von der 7-Tages-Inzidenz (und nicht mehr vom R-Wert und noch nicht von der Hospitalisierungsrate oder irgendeiner anderen Zahl) bestimmt werden, stellt eine drastische Komplexitätsreduktion dar. Für diese gibt es zwar gute gesellschaftliche Gründe. Denn, wie Virolog:innen, Epidemiolog:innen und andere Mediziner:innen uns immer wieder einschärfen, kann man am Inzidenzwert ungefähr ablesen, wie schlimm die Gesundheitslage gerade ist und sich in den anstehenden Wochen entwickeln könnte. Doch, wie wir ebenfalls wissen, ist es nicht richtig, dass jede Infektion gleich schlimm wie jede andere ist. Infektionen und Krankheitsverläufe sind teilweise so individuell wie unsere Immunsysteme, weshalb jede Maßeinheit für eine Pandemie immer eine mehr oder weniger gute Abstraktion von den realen gesundheitlichen und gesellschaftlichen Verhältnissen, eben ein Modell, darstellt.

Irreführende Singulare – die Wissenschaft, die Öffentlichkeit, die Politik

An dieser Stelle sind wiederum zwei Systeme miteinander verzahnt: Dasjenige, was man inakzeptabel vereinfachend als »die Wissenschaft« bezeichnet und dasjenige, was ebenso wenig sinnvoll im Singular als »die Öffentlichkeit« anzusprechen ist. Denn es gibt natürlich viele Wissenschaften sowie viele Öffentlichkeiten. Und auch die Politik ist nicht etwa ein homogener Block gewählter Entscheidungsträger:innen, sondern ein komplexes System, an dem in einer Demokratie jede:r beteiligt ist. Darüber hinaus setzt Politik wesentlich voraus, dass legitime Interessenskonflikte ausgetragen werden, sodass es in keiner wertrelevanten Situation nur eine einzige politische Option geben kann. Politik ist niemals, auch nicht in Notlagen, alternativlos, es gibt immer mehrere Handlungsoptionen, die zu einem gegebenen Zeitpunkt als mehr oder weniger gleichrangig erscheinen. Das liegt auch daran, dass wir prinzipiell nicht alle Faktoren kennen, welche die Konsequenzen unserer Entscheidungen beeinflussen, sodass stets eine Pluralität von Optionen zur Verfügung steht, die in gesellschaftlichen Debatten und Entscheidungsgremien in einen Wettbewerb treten.

Die Frage, wie Wissenschaft, Öffentlichkeit und Politik miteinander interagieren sollten, um derzeitige und künftige Krisenlagen erstens zu verstehen und zweitens zu überwinden, ist das Paradigma einer gefährlichen Vereinfachung der Krisenlage. Dabei hat es sich eingebürgert, mit dem Ausdruck »die Politik« auf die Regierungen beziehungsweise Parteien Bezug zu nehmen, was natürlich übersieht, dass Politik und Regierung nicht dasselbe sind, was in einer Demokratie *a fortiori* gilt. Denn in einer Demokratie kommt es letztlich darauf an, wie jedes Individuum sich zu kollektiv bedeutsamen Fragen verhält, sodass selbst die Rückzugsräume des Privaten indirekt politisch sind, weil Politik eben die Setzung und damit auch die Verschiebung der Grenze des Öffentlichen und des Privaten bestimmt.

Die Vereinfachung der Sachlage in unserer komplexen Krisenlage unter Rekurs auf die Trias »Wissenschaft, Öffentlichkeit, Politik« führt nicht zufällig zu Verzweiflung, Irritation, Zorn und einer Spirale der Schuldzuweisung und Besorgnis, weil es sich bei *der* Wissenschaft, *der* Öffentlichkeit und *der* Politik um fiktive Gegenstände handelt, welche die Basiswirklichkeit des menschlichen Lebens verfehlen, um die es in der derzeitigen Gemengelage aber geht (Gabriel 2018: 238). Sie bilden keinen Singular, sodass die Frage, wie wir die drei in ein angemessenes Verhältnis setzen, um *der* Wissenschaft zu folgen, letztlich Unsinn ist, weil die Antworten, die wir geben, Reaktionen auf eine nicht sinnvoll gestellte Frage sind. Wir können *der* Wissenschaft nicht folgen, weil es sie en bloc nicht gibt, und *die* Politik kann auch nichts entscheiden, weil Politik ein komplexes Gebilde von Personen und Institutionen ist, das von einer Regierung zwar für alle sichtbar repräsentiert wird, ohne sich aber deswegen auf die Regierung zu reduzieren.

Der Begründer der Ökologie, dem wir den Gedanken und Ausdruck der Umwelt verdanken, Jakob Johann Baron von Uexküll, beklagt schon in eben jenem Werk, in dem er den Umweltbegriff geprägt hat:

Mit dem Wort »Wissenschaft« wird heutzutage ein lächerlicher Fetischismus getrieben. Deshalb ist es wohl angezeigt, darauf hinzuweisen, daß die Wissenschaft nichts anderes ist als die Summe der Meinungen der heute lebenden Forscher. (von Uexküll 2014: 19)

Dahinter steckt bei von Uexküll zwar eine Wissenschaftstheorie, die man in dieser Form heute wohlgemerkt nicht mehr vertreten kann, was aber auf einem anderen Blatt steht. Wichtig und richtig ist jedoch, dass diejenigen Wissenschaften, welche jeweils Teilsysteme der komplexen Krisenlage erforschen, keinen Überblick über die Gesamtlage haben können. So ist es aus infektionsepidemiologischer Sicht selbstverständlich richtig, möglichst viele Kontaktbeschränkungen vorzunehmen, um eine laufende Infektionswelle positiv, also im Interesse menschlicher Gesundheit zu beeinflussen. Je weniger infizierte Menschen auf nicht-infizierte

Menschen physisch treffen, desto weniger Gelegenheiten hat ein Virus, sich zu verbreiten. Das ist eine Binsenweisheit, für die wir keine seit März 2020 laufende Endlosschleife von Corona-Sendungen im öffentlich-rechtlichen Fernsehen benötigt hätten. Doch folgt daraus nicht automatisch, dass es ethisch vertretbar und gesamtgesellschaftlich sinnvoll ist, Schulen, Restaurants, Museen, Theater oder ausgerechnet Universitäten zu schließen. Welche Maßnahme zur Kontaktbeschränkung zu welchem Zeitpunkt unter welchen Bedingungen ethisch vertretbar und juristisch verhältnismäßig ist, variiert mit der nicht-moralischen, nicht-normativen Faktenlage sowie unserem jeweiligen Kenntnisstand. Der erste Lockdown war auf eine ganz andere Weise begründbar (und wurde deswegen auch viel breiter gesellschaftlich akzeptiert) als der zweite, der sich über Monate immer weiter verschärfte, bis es zur »Bundesnotbremse« kam.

Virolog:innen sind nicht dazu qualifiziert, psychosoziale oder ökonomische Schäden zu bemessen, die durch Kontaktbeschränkungen verursacht werden. Das ist kein Vorwurf und nicht einmal eine Kritik, sondern eine wissenschaftstheoretische Tatsache, ein Faktum, das sich wissenschaftlich feststellen lässt. Noch weniger sind sie wissenschaftlich dafür gerüstet zu erkennen, welche Partei, welche:r Ministerpräsident:in, welche:r Kommunalpolitiker:in und so weiter zu welchem Zeitpunkt und aus welchen Gründen Gebrauch von welcher wissenschaftlichen Behauptung macht, die Virolog:innen in einem öffentlichkeitswirksamen Medium aufstellen. Denn dafür gibt es Medien- und Politikwissenschaftler:innen, die geeignete Methoden und begriffliche Instrumente haben, um diese Zusammenhänge zu erforschen. Gleichwohl müssen die Disziplinen transdisziplinär kooperieren, um ein möglichst umfassendes Gesamtbild der Faktoren zu erhalten, die eine Gesellschaft in einer Pandemie prägen, Faktoren, die weit über das Thema der möglichst eingriffsarmen und dennoch effizienten Viruseindämmung hinausgehen.

Wie die letzten zwei Jahre gezeigt haben, kann man eine akute und brandgefährliche Pandemie wie diejenige, in der wir uns auf unbestimmte Zeit noch befinden werden, nicht allein dadurch lösen, dass man naturwissenschaftliche Forschung damit beauftragt, Daten zu erheben, Modelle zu erstellen oder Vakzine zu produzieren. All dies ist selbstverständlich wünschenswert, im Falle der Vakzine erstrebenswert und zur Aufrechterhaltung einer modernen, sozial gerechten Gesundheitsversorgung sogar notwendig, bringt aber weniger als erwartet, wenn man nicht vorhersehen kann, dass viele Menschen aus jeweils sehr verschiedenen Gründen impfunwillig sind. Dies ist ebenfalls Teil derjenigen Faktenlage, die man in Rechnung stellen muss, um einer Krise Herr zu werden.

Dazu gehört natürlich auch die juristische Faktenlage. Zum Glück verfügen wir mit dem Grundgesetz über eine werthaltige politische Verfassung, in deren Zentrum die Menschenwürde steht. Diese Verfassung sieht Bürgerrechte vor, die zum Teil auch Abwehrrechte gegen staatlich übergriffiges Handeln beinhalten, sodass das Volk als Souverän durch sein Verhalten und Denken Einfluss auf die parlamentarische Willensbildung hat.

Wir können als Individuen und als Kollektive die politischen Prozesse mitgestalten und tun dies in der Pandemie auch auf vielfältige Weise. Genau deswegen ist es eine paradox anmutende gute Nachricht, dass die teils aggressive Debattenlage in Deutschland, mit problematischen Auswüchsen sich radikalisierender Gruppen, Indikator dafür ist, dass wir *demokratisch*, also *politisch* und nicht nur wissenschaftlich um die richtige Corona-Politik ringen. Die Wissenschaften, sofern wir sie um Stellungnahmen zur Faktenlage bitten, sind nämlich nicht demokratisch oder undemokratisch, sie stellen zunächst einmal im besten Fall nur fest, was man zu einem gegebenen Zeitpunkt sinnvoll und aus verschiedenen Disziplinen heraus als Wissen behaupten kann.

An dieser Stelle ist es wichtig, einmal festzuhalten, was die Wissenschaften in ihrer gesamten Breite eigentlich auszeichnet. Hierbei ist die schlichtweg falsche und wissenschaftlich nicht haltbare Idee ad acta zu legen, die Naturwissenschaften repräsentierten *die* Wissenschaft auf eine irgendwie bessere oder wichtigere Weise als andere Wissenschaften. Naturwissenschaften gibt es nicht ohne Mathematik, die keine Naturwissenschaft ist. Naturwissenschaften als institutionell organisierte Verbünde von Forscher:innen gibt es wiederum nicht ohne funktionierende Wirtschaft, die es in der Moderne ohne funktionierende Wirtschaftswissenschaften nicht gibt. Zum System des humanmedizinischen Wissens gehören dabei ebenfalls die Psychiatrie und die Psychologie, die Schnittstellen von Geistes- und Naturwissenschaften untersuchen.

Im Allgemeinen kann man Wissenschaften als sozial organisierte Systeme verstehen, deren Ziel es ist, Wissensansprüche über eine Vielzahl von Gegenstandsbereichen mit besonders anspruchsvollen Rechtfertigungsstandards (Methoden) objektiv, also weitgehend unabhängig von den nicht-epistemischen Interessen der Wissenschaftler:innen zu sichern. Die Wissenschaftler:innen sind und bleiben dabei fallibel, was nicht bedeutet, dass alles Wissen zweifelhaft oder der baldigen Revision unterzogen wäre. Die Wissenschaften sind der beste bekannte Weg, um Tatsachen zu entdecken, die uns alle als Menschen betreffen können. Doch sie erforschen keineswegs nur solches, was »gesellschaftlich relevant« wäre. Sie könnten sogar anders als im Falle der gesellschaftlichen relevanten Erhebung der Gefährlichkeit einer Virusvariante oder der wahrscheinlichen Verläufe der Klimaerwärmung keinerlei gesellschaftlich relevante Ergebnisse liefern. Beinahe nichts von dem, was theoretische Physiker:innen, Mathematiker:innen, Romanist:innen, Theolog:innen und so weiter alltäglich erforschen, hat direkte Bezüge zu gesellschaftlichen Belangen, die von den Öffentlichkeiten festgestellt werden. Und das ist auch gut so, weil nur auf diese Weise, das heißt durch die Freiheit von Lehre und Forschung, sichergestellt werden kann, dass wir über die notwendigen Methoden verfügen, die es in einer komplexen Krisenlage ermöglichen, wirksame und sichere Impfstoffe oder alternative Energien zu entwickeln. Die gesellschaftlich relevanten Ergebnisse der Wissenschaften entspringen der Freiheit von Lehre und Forschung.

Doch damit nicht genug, gibt es die Geisteswissenschaften, die in der gegenwärtigen komplexen Krisenlage in Wirklichkeit ganz besonders dringend gefordert sind. Denn erstens sind alle Behauptungen, die ich bisher getroffen habe, geisteswissenschaftliche Aussagen aus dem Bereich der Wissenschaftstheorie. Was »Wissen« und »Wissenschaft« bedeuten und wie sie mit Öffentlichkeiten und der politischen Selbstbestimmung zusammenhängen, wird wissenschaftlich im Rahmen der Geisteswissenschaften untersucht. Was Politik sei und wie Öffentlichkeiten funktionieren, erforschen ja nicht die Politik und die Öffentlichkeiten, ebenso wenig wie das Klima oder das Virus sich selbst erforschen. Deswegen brauchen wir gerade in der komplexen Krisenlage, in der wir uns befinden, mehr Wissenschaften, etwa die Politik- und die Medienwissenschaften, die uns Aufschluss darüber geben können, welche Konsequenzen (auch für das Verhalten der Bürger:innen und damit für die Ausbreitung oder Eindämmung der Viruslast) politische Kommunikation in einer Krisenlage hat. Klammert man die Fragen und Antworten der Geistes-, Kultur- und Sozialwissenschaften auf die Krisenlage aus, befindet man sich wissenschaftlich auf einem Blindflug, woran sich nichts ändert, wenn man fordert, *der* Wissenschaft zu folgen, ohne dass darüber nachgedacht wird, wie das überhaupt gehen soll.

Die deontologische Differenz

Das betrifft nicht nur die auf allzu lange Sicht akute Pandemie, in der wir uns ohne realistische Aussicht auf ein baldiges Ende befinden, sondern insbesondere die unvermeidliche ökologisch-ökonomische Transformation, die uns vom fossilen Zeitalter in eine noch nicht entworfene Zukunft bringen wird. Die meisten Bereiche der heutigen Lebenswelt werden davon berührt sein, wie wir auf den massiven menschengemachten Klimawandel reagieren, was leider längst nicht mehr bedeutet, ihn abzuwehren oder gar insgesamt aufzuhalten, sondern auch ethische Prinzipien zu entwickeln, die es uns erlauben werden, mit den sich mehrenden Katastrophen zu leben (Jamieson 2014; Lippold 2020).

Der Mangel an Vision einer entsprechenden positiven Zukunft zeigt sich darin, dass die öffentlichkeitswirksame Darstellung der Risikoszenarien, die klimaethisch durchgespielt werden müssen, um sie an ihrer Verwirklichung zu hindern, so gut wie ausschließlich im Genre der apokalyptischen beziehungsweise postapokalyptischen Dystopien spielt. Die diskursiven, ästhetischen, sozialen Mechanismen der dahinter stehenden Einbildungskraft werden ihrerseits in den Geistes- und Kulturwissenschaften untersucht, wobei man – grob verkürzt – feststellen kann, dass die Dystopie überwiegt und deswegen lähmend in die Vorstellungswelten und Wertsetzungen individueller und kollektiver Akteur:innen eindringt.

An dieser Stelle kann man eine geisteswissenschaftlich auffällige Asymmetrie konstatieren: Während dystopische Risikoszenarien in politisch wirksamen Narrativen Niederschlag finden, reduziert sich die Utopie darauf, ein Klimaziel von, sagen wir, 1,5 Grad Klimaerwärmung zu erreichen. Dystopien gelten als legitim, ja sogar als empfehlenswert; Utopien hingegen als politisch problematisch. Der Grund dafür liegt risikotheoretisch auf der Hand: Dystopische Risikoszenarien, die gleichwohl realistisch sind, dienen als Blaupausen, um ihr Eintreten zu vermeiden. Sie sind mithin keine strikten Vorhersagen (weil ansonsten keine Handlungsempfehlungen mehr ausgesprochen werden könnten), sondern beschreiben Szenarien, für die eine Eintrittswahrscheinlichkeit angegeben werden kann. Die Risikoszenarien gelten daher konditional: Unter bestimmten Bedingungen treten mit einer gewissen Wahrscheinlichkeit bestimmte Ereignisse ein, die wir vermeiden wollen. Dadurch entfalten dystopische Szenarien ein Warnpotenzial, das im Idealfall handlungsleitend, also normativ wirksam wird, sodass die Szenarien durch ihre wirksame Verbreitung vermieden werden können.

Allerdings ist damit noch nicht in Rechnung gestellt, dass sich durch den Sprechakt der dystopischen Risikokommunikation eine dystopische, apokalyptische und psychosoziale riskante Stimmung ergeben kann, die das Gegenteil bewirkt. Und selbst wenn viele Menschen bis hin zu einer relevanten gesellschaftlichen Mehrheit bereit sind, ihr individuelles Verhalten dem kollektiven Ziel der Gefahrenabwehr weitgehend anzupassen, kann eine Minderheit von Menschen, die psychosozial und politisch reizbar sind, die Mehrheitsanstrengung unterminieren – eine Konstellation, die wir in der laufenden Pandemie in verschiedenen Schüben und Phasen erlebt haben.

Die Lücke zwischen risikotheoretisch wünschenswerten und sinnvollen Negativszenarien und ihrer gesellschaftlichen Gesamtwirkung, die risikotheoretisch nicht in Rechnung gestellt wird, wenn man einseitig auf die naturwissenschaftliche oder ökonomische Faktenlage blickt, ist ein Fall dessen, was ich als die »deontologische Differenz« bezeichne. Darunter verstehe ich die prinzipielle Lücke beziehungsweise den kategorialen Unterschied zwischen einer gegebenen naturwissenschaftlich konstatierbaren Faktenlage und den normativen Konsequenzen, die sich aus ihr direkt beziehungsweise indirekt ergeben. Die derzeitige Pandemie zeigt dies allzu eindrücklich auf. Denn aus rein medizinischer Sicht ergibt sich direkt als sinnvollster Weg eine strikte No-Covid-Strategie. Doch ist diese nicht unter allen gesellschaftlichen und politischen Bedingungen implementierbar, wie wir insbesondere in denjenigen demokratischen Rechtsstaaten der Europäischen Union sehen, deren Wirtschaft an mehr oder weniger offene Grenzen gebunden ist. Das gilt umso mehr, wenn man globale Lieferketten in die Komplexität mit einbezieht. Die im ersten beinahe weltweiten Lockdown verursachten Lieferengpässe wirken sich bei den Batterien und Chips bis heute aus, sodass der Ausbau der Elektromobilität dadurch verlangsamt wurde und sich der Zeitplan verschiebt. Daran erkennt man auch lebensweltlich erfahrbar schnell, dass man eine Krise nicht ohne die andere betrachten kann.

Zudem war eine strikte »No Covid«-Strategie politisch weltweit nicht umsetzbar, wie die Jahre 2020 und 2021 faktisch gezeigt haben, weil die Debattenlage sich in Europa entlang von Parametern der Verhältnismäßigkeit und insbesondere der trotz der großen Gefahr zu berücksichtigenden Würde entwickelte. Und dazu gehören nun einmal die Bürgerrechte, die man selbst in einer Notlage nicht unbestimmt lange und beliebig eingriffsintensiv einschränken darf (Habermas 2021).

Moralischer Fortschritt – Eine neue Hoffnung?

In meinem Buch *Moralischer Fortschritt in dunklen Zeiten* habe ich mich wie einige andere Autor:innen der Gegenwartsphilosophie für eine neue Aufklärung ausgesprochen (Garcés 2019; Pelluchon 2021). Konkret bedeutet dies, dass wir eine Kooperation anstreben sollten, die naturwissenschaftlich-technologischen Fortschritt an humanen und damit moralischen Fortschritt rückbindet. Es bedarf einer Rückkoppelung nach einer langen Phase der Abkoppelung, die mit der Industrialisierung einsetzt, die einseitig auf die Dynamiken des naturwissenschaftlich-technologischen Fortschritts gesetzt hat (Lima de Miranda, Snower 2020). Es ist wichtig, heute daran zu erinnern, dass diejenigen Kräfte, aufgrund derer wir uns am Rand der Selbstausrottung befinden, von eben jener Wissenschaft freigesetzt wurden, der man jetzt folgen möchte, um die Krisenlage zu überwinden. Ohne moderne Physik, Chemie, Medizin und Biologie gäbe es keine Atomkraft, keine Verbrennungsmotoren, keine Überbevölkerung, keinen Kolonialismus (der nicht zufällig in etwa zeitgleich mit den modernen wissenschaftlichen Revolutionen auftritt) und so weiter.

Wohlgemerkt ist diese Feststellung kein Plädoyer gegen den Fortschritt. Selbstverständlich gehe ich lieber zu meinem Zahnarzt als zu dem von Aristoteles und ich bevorzuge die beeindruckend schnell entwickelten Vakzine gegen Sars-CoV-2 gegenüber einer ungeschützten Infektion mit dem Erreger. Gleichwohl kommt der Slogan »follow the science« gerade in diesen Tagen an seine deontologische Grenze. Denn die globale Verteilung der Impfstoffe sowie die Vorbereitung der gesellschaftlichen Debatte auf die Impfung war ethisch derart offensichtlich mangelhaft, dass wir uns im Herbst und Winter 2021 schon wieder in einer erwartbaren Notlage befinden. Ein einfaches Gedankenexperiment zeigt dies: Hätte wirklich jeder Mensch, der impfbar ist, ungefähr zur selben Zeit global koordiniert eine Impfung erhalten, wäre die Pandemie womöglich ziemlich zeitnah an ein Ende gekommen. Doch dies war ebenso unmöglich zu organisieren wie eine globale No-Covid-Strategie. Genau deswegen klafft eine Lücke zwischen den naturwissenschaftlichen (in diesem Fall humanmedizinischen und virologischen) Tatsachen und demjenigen, was wir faktisch tun, eine Lücke, die anders als die Impflücke, nicht medizinisch geschlossen werden kann.

Diese Lücke kann auch nicht dadurch überbrückt werden, dass man aggressiver denjenigen gegenüber handelt, die wissenschaftliche Tatsachen ignorieren, verkennen oder aus politischen Interessen leugnen. Zwar mag man über eine gut durchdachte Impfpflicht die Pandemie beenden (was angesichts neuer Varianten, die die durch die Impfung und Genesung hervorgerufene Immunabwehr möglicherweise zu weitgehend umgehen, zumindest sinnvoll bezweifelt werden kann), doch hat man damit noch lange keinen ethisch durchdachten Kurs für die pandemische Langzeitkrise entwickelt, in der wir uns befinden.

Allerdings besteht Hoffnung, die der Diskurs der neuen Aufklärung darin sieht, dass wir imstande sind, moralische Tatsachen zu erkennen und anzuerkennen. Unter einer *moralischen Tatsache* verstehe ich dabei eine wahre Antwort auf die Frage, was wir tun beziehungsweise unterlassen sollten, sofern unser Handeln direkt oder indirekt alle Menschen betrifft (Gabriel 2020). Der Kompass, den wir benötigen, um uns aus der massiven und lähmenden Krisenlage herauszumanövrieren, besteht letztlich in demjenigen, was man als informiertes Gewissen bezeichnen kann.

Die Idee hinter dieser Überlegung kann man folgendermaßen zusammenfassen: Es ist leicht, sich davon zu überzeugen, dass wir in einer einfachen Handlungssituation wissen, was das Gute, das heißt dasjenige ist, was wir aus moralischen Gründen unbedingt tun sollen (Boghossian 2014: 362–395). Wer mit der Frage konfrontiert ist, ob man ein Kind vor dem Ertrinken in seichtem Wasser retten soll, wenn man dabei keinerlei Gefahr eingeht, wird kaum zögern, dies mit »Ja« zu beantworten. Nennen wir solches eine *offensichtliche* moralische Tatsache im Unterschied zu *komplexen* moralischen Tatsachen. Die derzeitige Krisenlage wirft eine Vielzahl an ethischen Fragen auf, auf die es nur komplexe Antworten geben kann, das heißt solche Antworten, die aus einer Kombination von offensichtlichen moralischen Tatsachen und der nicht-moralischen Faktenlage abgeleitet werden können. Wer ein ethisches Urteil auf der Basis eines möglichst umfangreichen, transdisziplinär koordinierten Wissensbestandes unter Berücksichtigung aller Wissenschaften fällt, urteilt in diesem Sinne auf der Grundlage eines informierten Gewissens.

Auf diese Weise ist moralischer Fortschritt möglich, der sozialen Wandel voraussetzt, weil einmal erkannte moralische Tatsachen nur dann kollektiv wirksam werden können, wenn sie wiederum in andere Sphären der Normativität integriert werden. Ohne juridische, ästhetische, politische, religiöse und kulturelle Normativität bleibt moralische Erkenntnis sozial meistens wirkungslos. Deswegen fordert die neue Aufklärung ein Zusammenspiel der verschiedenen Teilsysteme dessen, was man die Gesellschaft nennt (ein weiterer irreführender Singular, dem in Wirklichkeit nur eine Vielheit verschiedener Konfigurationen entspricht). Kurzum: Wirtschaft, politische Entscheidungsträger:innen, die Wissenschaften, die Künste, die verschiedenen Stränge der Zivilgesellschaft und die Medien sind aufgefordert, gemeinsam in einem neuen Geist des Vertrauens daran zu arbeiten, individuelles und kollektives Verhalten an einer Faktenlage zu orientieren, die weit über das naturwissenschaftliche Wissen hinausgeht (Brandom 2019). Die bestehenden und sich dynamisch entwickelnden Interessenskonflikte zwischen den Teilsystemen einer Gesellschaft können und sollen im Hinblick auf moralische Tatsachen ausgesteuert werden, die den normativen Rahmen dafür bilden, dass die Teilsysteme überhaupt koordiniert werden können. Wir brauchen also ein neues Gesellschaftsmodell, weil die Idee, naturwissenschaftlich-technologischer Fortschritt allein, der ökonomisch-industriell auf globalen Märkten zur entfesselten Mehrwertproduktion führt, sei sozusagen der Pfad der säkularen Erlösung der Menschheit, spätestens mit der ökologischen Krise an ihr Ende gekommen ist.

Deswegen ist die Forderung, sich hinter der Wissenschaft zu versammeln und ihr zu folgen, ohne dass gesagt wird, worin das positive, gesellschaftlich wünschenswerte Ziel besteht, an dem man sich orientiert, zumindest ambivalent. Richtig ist, dass wir die Wissensbestände der Wissenschaften bei jeder Risikoabschätzung in den gegenwärtigen Krisenlagen in Rechnung stellen müssen. Falsch ist aber, dass aus naturwissenschaftlichen Fakten ethische oder politische Normen abgeleitet werden können, was das welthistorische Faktum belegt, dass eben jene Naturwissenschaften gemeinsam mit einem global entfesselten Kapitalismus den größten Beitrag zur gegenwärtigen Krise geleistet haben. Ohne die Naturwissenschaften können wir die Herausforderungen dieses

Jahrhunderts nicht bewältigen, sie lösen sich aber nicht ohne geistes-, kultur- und sozialwissenschaftliche Forschung.

Doch selbst, wenn wir alle wissenschaftlichen Probleme gelöst hätten, blieben normative Fragen offen, weil wissenschaftliche Erkenntnisse sich in komplexen Krisenlagen nicht selbst implementieren. Deswegen ist es unerlässlich, dass die neue Aufklärung ein Bildungsprogramm entwickelt, das unter anderem Philosophie und Ethik für alle fordert, das heißt Ausbildung in rationalem Austausch über die Grundlagen unseres Handelns als Pflichtfach, das auf Augenhöhe mit den längst überproportional geförderten MINT-Fächern steht. Epistemologie, Wissenschaftstheorie, Ethik und Anthropologie sind in der derzeitigen akuten Krisenlage unverzichtbare Instrumente, um gemeinsam mit anderen sozialen Teilsystemen an einer positiven Vision einer guten Zukunft zu arbeiten, die über die Vermeidung von Horrorszenarien hinausgeht. Nur dadurch wird es möglich sein, die Bürger:innen von einem rational begründeten Kurs zu überzeugen und bei der ökologischen Transformation mitzunehmen und sie gleichzeitig als moralisch sensible, mündige Gestalter:innen ernst zu nehmen. Eine rein technokratische Lösung der Stapelkrise ist weder wünschenswert noch möglich, weil sie die wirkliche Komplexität massiv unterschätzt, die in diesen Tagen im blinden Fleck der Pandemiebewältigung in der Form von Verschwörungsideologien und teils irrsinniger Wissenschaftsskepsis wiederkehrt.

Literatur

Boghossian, Paul: Der Relativismus des Normativen. In: Markus Gabriel (Hg.): *Der Neue Realismus*. Berlin 2014, S. 362–395.

Brandom, Robert B.: *A Spirit of Trust. A Reading of Hegel's Phenomenology*. Cambridge, MA. 2019.

Gabriel, Markus / Scobel, Gert: *Zwischen Gut und Böse. Philosophie der radikalen Mitte*. Hamburg 2021.

Gabriel, Markus / Voosholz, Jan (Hg.): *Top-Down Causation and Emergence*. Dordrecht 2021.

Gabriel, Markus: *Moralischer Fortschritt in dunklen Zeiten*. Berlin 2020.

Gabriel, Markus: *Der Sinn des Denkens*. Berlin 2018.

Garcés, Marina: *Neue radikale Aufklärung*. Wien 2019.

Habermas, Jürgen: Corona und der Schutz des Lebens. Zur Grundrechtsdebatte in der pandemischen Ausnahmesituation. In: *Blätter für deutsche und internationale Politik* 9 / 21, S. 65–78.

Jamieson, Dale: *Reason in a Dark Time. Why the Struggle Against Climate Change Failed – and What It Means for Our Future*. Oxford 2014.

Lima de Miranda, Katharina / Snower, Dennis J.: Recoupling Economic and Social Prosperity. In: *Global Perspectives* 1/1 (2020): 11867.

Lippold, Anna Luisa: *Climate Change and Individual Moral Duties. A Plea for the Promotion of a Collective Solution*. Münster 2020.

Pelluchon, Corine: *Das Zeitalter des Lebenden. Eine neue Philosophie der Aufklärung*. Darmstadt 2021.

von Uexküll, Jakob Johann: *Umwelt und Innenwelt der Tiere*. Hrsg. von Florian Mildenberger und Bernd Herrmann, Berlin / Heidelberg 2014.

Caspar Hirschi
Zur problematischen Vorbildfunktion der Klimakrise für die Corona-Krise

Krisen sind Situationen eines doppelten Kontrollverlustes. Erstens hebeln sie die Steuerungsmechanismen aus, die moderne Gesellschaften im Wissen um ihre Krisenanfälligkeit zur Aufrechterhaltung von Stabilität installiert haben. Dadurch setzen sie unerwünschte Ereignisketten in Gang, die nicht mehr aufzuhalten, sondern höchstens noch abzumildern sind. Kommt man einer Krise nicht zuvor, kann man sie nicht mehr einholen. Krisenpolitik besteht zwangsläufig darin, den Ereignissen hinterherzuhinken. Zweitens bringen Krisen Betroffene wie Beobachtende um das Vertrauen in die Durchschaubarkeit des aktuellen Geschehens und in die Erwartbarkeit der kommenden Entwicklungen. Sie lösen fundamentale Orientierungsverluste, gefolgt von einer gesteigerten Orientierungssuche aus, um die aus den Fugen geratene Welt wenigstens rational wieder einzufangen.

Zentraler Referenzpunkt bei der Orientierungssuche sind andere Krisen, die zum Deutungsrahmen für die eigene Erfahrung erhoben werden (Hein-Kircher 2020). Moderne Gesellschaften verfügen über einen institutionalisierten Erinnerungsapparat, mit dem sich vergangene Phasen des Kontrollverlusts abrufen und zu Anleitungen für den Umgang mit gegenwärtigen Krisenereignissen verarbeiten lassen. Der Griff zur Geschichte taucht einen unvertrauten Schadensablauf in ein vertrautes Licht und verwandelt überwundenes Leid in Lehrstücke für Nachgeborene. Die Orientierungsleistung der Erinnerung hängt jedoch entscheidend davon ab, wie gut frühere Krisen aufgearbeitet sind und wie stark ihre Ursachen und ihr Ablauf dem aktuellen Krisengeschehen entsprechen. In der Finanzkrise nach 2007 ermöglichte der Rückgriff auf das Wissen zur Weltwirtschaftskrise der 1930er Jahre einen raschen Expertenkonsens, was es unbedingt zu verhindern gelte: einen Kollaps des Bankensystems durch eine unkontrollierte Konkurswelle, die danach auf die Realwirtschaft durchschlagen würde. Dadurch fiel es Ökonomen in Notenbanken und Verwaltungen leichter, die Politik von der Notwendigkeit massiver Eingriffe zu überzeugen, um das Finanzsystem mit staatlicher Hilfe zu stützen (Hirschi 2021).

In der Corona-Pandemie hingegen fehlte in westlichen Gesellschaften eine Gesundheitskrise, die als Orientierungsanker hätte dienen können. Die Spanische Grippe vermochte diese Funktion nicht zu erfüllen. Das lag weniger an der zeitlichen Distanz als an den geringen Spuren, welche die Spanische Grippe im Vergleich zur Weltwirtschaftskrise im kollektiven Gedächtnis und in der wissenschaftlichen Forschung hinterlassen hat. Für die meisten Betroffenen war die damalige Pandemie keine krisenhafte Erfahrung, sondern ein Ereignis im Rahmen ihrer Normalitätserwartungen, die eine wiederkehrende Konfrontation mit Seuchen einschloss. Es herrschte Not, Menschen starben, das Leben ging weiter. Zudem standen die damaligen Gesellschaften am Ende eines Krieges, dessen Zerstörungskraft und Langzeitwirkung als viel verheerender wahrgenommen wurde. Bedingt durch die historischen Umstände gingen auch die medizinischen Wissenschaften in späterer Zeit kaum der Frage nach, wie die schwere Krankheitslast und die hohen Todeszahlen der Spanischen Grippe zu verhindern gewesen wären.

In Ermangelung einer Referenzkrise aus der Geschichte trat in der Corona-Pandemie mit dem Klimawandel eine Gegenwartskrise als Deutungsrahmen in den Vordergrund, mit der die Wissenschaft und Politik schon seit Längerem ringt, ohne dass die Gesellschaft ihre schädlichen Auswirkungen bisher stark zu spüren bekommen hat. Als chronische Krise, bei der noch unklar ist, wie sie von der erdölabhängigen Weltbevölkerung bewältigt werden wird, bietet die Erderwärmung aber kaum den nötigen Anschauungsunterricht, um eine akute Gesundheitskrise epistemisch und besser in den Griff zu bekommen (Grundmann 2021). Zu diesem Zweck werden Vergleiche mit ihr aber auch kaum angestellt. Die Orientierung an der Erderwärmung dient weniger dem Verständnis und der Kontrolle des pandemischen Geschehens als dem Kampf gegen andere pandemiepolitische Positionen. Dazu eignet sich die Klimakrise besonders, weil sie seit Jahrzehnten von erbitterten Kontroversen geprägt ist und eine Reihe von medialen Strategien hervorgebracht hat, um den Widerstand gegen eine aktive Krisenintervention zu schwächen. So konfliktreich und ungelöst, wie die Klimakrise ist, stellt sich aber die Frage, ob ihre politische Instrumentalisierung die Bewältigung einer Gesundheitskrise, für die es einer breiten gesellschaftlichen Solidarität bedarf, nicht mehr behindert als erleichtert. Bei genauerem Hinsehen spricht viel dafür, die Frage zu bejahen.

Der Polarisierungseffekt der Klimakrise

Die Orientierung an der Klimakrise begann kurz nach dem Ausbruch der Pandemie damit, dass die Gesellschaft in Sehende und Geblendete aufgeteilt wurden. Erst in den sozialen und dann in den nationalen Medien wurden den Klimaleugnern die »Coronaleugner« und »Covid-Idioten« als Geschwister im Geiste zur Seite gestellt. Die Vielfalt an Motiven, die Menschen anfangs zu Kritik an den Eindämmungsmaßnahmen bewogen, reduzierte sich in vorauseilender Anwendung des schlimmstmöglichen Verdachts auf die Unterstellung, es handle sich um Realitätsverweigerung. Der Streit, wie mit der Bedrohung umzugehen sei, wurde bei der ersten Gelegenheit als Wissenskonflikt gerahmt, in dem die eine Seite der anderen Ignoranz und Irrlehren vorwirft, verbunden mit dem Imperativ, sich zur Wahrheit zu bekehren. Wissenskonflikte haben, sobald es um mehr als nur die bloße Klärung von Sachverhalten geht, die Eigenschaft, sich zu Grabenkämpfen zwischen zwei Lagern auszuwachsen, die sich verständnislos und unversöhnlich gegenüberstehen (Bogner 2021). Spricht man widerspenstigen Bevölkerungsgruppen zu Beginn einer Krise den Realitätsbezug und die Intelligenz ab, fällt es später umso schwerer, sie aus der Opposition gegen die Krisenpolitik zurückzuholen. Eher passiert das, wovor Stephen Hilgartner, Benjamin Hurlbut und Sheila Jasanoff in *Science* gewarnt haben: »Halten Experteneliten die Bevölkerung für vorsätzlich unwissend und unverbesserlich irrational, benötigen sie bessere Mittel, um jene zu verstehen, die sich ausgegrenzt fühlen. Sonst drohen die politischen Institutionen wie eine sich selbst erfüllende Prophezeiung die Sorte von widerständigen Bürgern hervorzubringen, die anzusprechen sie sich einbilden.« (Hilgartner, Hurlbut, Jasanoff 2021) Aus der umgekehrten Perspektive betrachtet: Wer sich zu Unrecht in eine Ecke gestellt fühlt, hat mehr Grund, für Verschwörungsmythen empfänglich zu werden und sich Schritt für Schritt weiter zu radikalisieren. Der rhetorische Rückgriff auf Bezichtigungsinstrumente der Klimakrise gehörte zu den Initialzündern einer Polarisierungsdynamik, die in der Pandemie mit jeder Welle zunahm. Sah man jedoch in der Corona-Krise eine Klimakrise im Kleinen, erschien die Polarisierung nicht als Folge der eigenen Parallelisierung, sondern bloß als weitere Parallele. Der Vergleich erhielt tatsächlich Züge einer Selffulfilling Prophecy.

Noch stärker schlug sich das Vorbild der Klimakrise in Erwartungen an eine politische Führungsrolle von Experten nieder. Dafür fehlten aber sowohl die institutionellen als auch die wissenschaftlichen Voraussetzungen. Die Klimawissenschaften sind ein Forschungsfeld, das seit mehr als einem halben Jahrhundert intensiv bearbeitet wird und das vor mehr als drei Jahrzehnten mit dem Weltklimarat eine institutionell gefestigte Form der wissenschaftlichen Politikberatung erhalten hat. Im Vergleich dazu wirkt die wissenschaftliche Forschung und Beratung zu COVID-19 wie ein behelfsmäßig aufgezogenes Feldlazarett. Der Begriff hat nichts Despektierliches, im Gegenteil: In Lazaretten an der Kriegsfront wurden unter enormen Belastungen lebensrettende Leistungen vollbracht und medizinische Innovationen mit Langzeitwirkung angestoßen. Voraussetzung dafür aber war die gemeinsame Anerkennung der Ausnahmebedingungen, unter denen das Fachpersonal tätig war, sowie die Einsicht in die »Vorwissenschaftlichkeit« vieler Annahmen und Behandlungsmethoden, weil die Sicherung neuer Erkenntnisse dem Zwang zum Handeln hinterherhinkte. Deshalb war ein experimenteller Pragmatismus gefragt, dem es darum ging, Bewährtes rasch umzusetzen, Gescheitertes ebenso schnell fallenzulassen und doktrinäre Standpunkte zu vermeiden.

In der Corona-Krise bestand diese Feldlazarett-Konstellation weit über die Anfangsphase hinaus, ja sie dürfte bis zur endemischen Phase fortdauern, wobei es die Kombination von Virusmutationen (Alpha bis Omikron) und Innovationen (Tracing-App bis mRNA-Impfung) war, welche für die größten Unwägbarkeiten sorgte. Das wissenschaftliche Fachpersonal, dessen Expertise in den Medien am meisten gefragt war, neigte dazu, die Veränderung durch Innovationen zu überschätzen und jene durch Mutationen zu unterschätzen. Viele erwarteten von der Tracing-App im Frühjahr und Sommer 2020 einen Beitrag zur Verhinderung weiterer Ansteckungswellen und versprachen sich ein Jahr später von der Impfung nichts weniger als die Beendigung der Pandemie. Obwohl die Favorisierung und Überschätzung technischer Lösungen in der Geschichte der natur- und technikwissenschaftlichen Expertise ein altbekanntes Problem ist, kam sie in der Diskussion über Expertise in der Pandemie kaum zur Sprache (Johnston 2021). So trug die Unaufgeklärtheit über den eigenen Hang zu verzerrten Wahrnehmungen dazu bei, dass offizielle Experten gegenüber technologie-skeptischen Stimmen Positionen bezogen, die sie kurz darauf, eingeholt von der pandemischen Realität, wieder räumen mussten. Martin Ackermann, Präsident der Schweizerischen Science-Task-Force, sagte Anfang August: »Wir hätten es in der Hand, die Epidemie in der Schweiz in rund acht Wochen zu beenden, indem wir uns alle impfen lassen.« (SRF 2021) Die Rede von der »Pandemie der Ungeimpften«, die sich in deutschsprachigen Medien bis weit in den Spätherbst hinzog, war nicht nur empirisch falsch, sondern auch politisch unklug, weil sie die so Stigmatisierten im Gefühl bestärkte, ungerecht behandelt zu werden. Als sich mit der Durchsetzung von Omikron die Impfdurchbrüche vervielfachten und gleichzeitig die Krankheitsverläufe abmilderten, waren viele der medizinischen und pandemiepolitischen Überzeugungen, die unter Delta noch galten, endgültig in Frage gestellt. Eine vergleichbare Situation hat es in der Klimakrise nie gegeben. Krisen, in denen ein *moving target* bekämpft wird, bedürfen einer Haltung und Sprache, die Ungewissheiten eingesteht, Fehler erlaubt, guten Willen zeigt, Großzügigkeit gegenüber anderen Ansichten walten lässt, Handlungsoptionen eröffnet anstatt Handlungszwänge zu erzeugen und Wortmeldungen von Erregungskünstlern und Spinnern ausblendet, anstatt sich an ihnen abzuarbeiten. Wer sich jedoch verhält, als gäbe es nur eine wahre Sicht der Dinge und eine richtige Art zu handeln, hat die Lage fundamental verkannt.

Wie konnten Experten der Klimakrise überhaupt zum Vorbild für Virologen und Epidemiologen der Corona-Krise werden, wenn die institutionellen und wissenschaftlichen Voraussetzungen ihres Tuns derart anders sind? Die Imitation funktioniert nur deshalb, weil es eben nicht um die institutionelle Organisation und epistemische Grundlage, sondern um die mediale Inszenierung von Expertise geht. Dabei jedoch taucht sogleich ein weiteres Problem auf: Bereits in der Klimapolitik besteht eine Kluft zwischen der politischen Realität und der medialen Repräsentation von wissenschaftlicher Expertise. Wird die wissenschaftliche Expertise in der Corona-Krise durch die Brille betrachtet, mit der die Medien über die Klimapolitik berichten, entsteht eine falsche Wahrnehmung zweiter Ordnung.

You cannot »follow the science«

Im institutionellen Zentrum der klimawissenschaftlichen Politikberatung steht der Weltklimarat. Der IPCC verfasst seine Berichte nach dem Prinzip, »neutral, policy relevant, but not policy-prescriptive« zu sein. Entsprechend spricht er keine Empfehlungen aus und stellt schon gar keine Forderungen auf, was für konkrete Maßnahmen zu ergreifen sind (Grundmann, Rödder 2019). Allgemeine Ziele wie die Begrenzung der Erderwärmung auf 1,5 Grad werden in enger Zusammenarbeit und unter Federführung der internationalen Politik verabschiedet. Die Selbstbeschränkung des Weltklimarats hat ihr Fundament in den prognostischen Unsicherheiten und normativen Dilemmata, die mit den Zukunftsszenarien in seinen Berichten verbunden sind. Das Abwägen von Risiken, das Setzen von Werteprioritäten und Fällen von Entscheidungen ist Aufgabe der Politik, nicht der Wissenschaft.

Als nun aber die Klimabewegung den Klimanotstand ausrief und einen *system change* forderte, wies sie den Klimawissenschaften die weltweite Führungsrolle bei der politischen Bekämpfung der Erderwärmung zu. »Follow the science« und »Unite behind the science« avancierten zu Mobilisierungsparolen eines neuen Aktivismus, der ohne eigene Agenda auskam, in der Annahme, die Befunde und Modelle der Klimawissenschaften enthielten bereits das politische Programm. Da der Weltklimarat der Politik aber keine Vorschriften macht, läuft der Aufruf, der Wissenschaft zu folgen, ins Leere (Hirschi 2021). Den offiziellen Klimaexperten wird eine Rolle zugedacht, die sie nicht einnehmen können. Anstatt auf den Widerspruch hinzuweisen, haben ihn manche Klimaforscher aber noch verschärft, indem sie in den Medien eine aktivistische Wende vollzogen, die mit ihrem institutionellen Auftrag kollidiert. So entstand bereits in der Klimakrise das Problem, dass die mediale Inszenierung von Expertise der Wissenschaft eine politische Führungsrolle zuordnete, die sie nicht hat und auch nicht haben kann.

Der Wissenschaft zu folgen, musste in der Corona-Krise schon deshalb in die Irre führen, weil gar keine Instanz existiert, die den Erkenntnisstand der relevanten Forschungsgebiete aufbereitet und bekannt gibt. Die WHO ist nicht der IPCC, und sie hätte wegen der akuten Zeitnot auch nie eine vergleichbare Rolle einnehmen können. Sobald die globale Dimension der Krise sichtbar wurde, entstand ein unkoordinierter Wettbewerb unter Forschenden um die Bereitstellung relevanter Expertise, ausgetragen auf Preprint-Servern und auf Twitter. Im Kampf um politische Aufmerksamkeit kamen dabei Mittel zum Einsatz, die der Weltklimarat mit seinen mehrstufigen Prüf- und Ausleseverfahren systematisch ausschließt. Studienautoren machten sich zu Experten in eigener Sache, indem sie ihre provisorischen Forschungsbefunde gleich mit Empfehlungen oder Warnungen an die Politik versahen. So sorgten sie dafür, dass die politische Diskussion startete, bevor die wissenschaftliche Prüfung begonnen hatte. Für Regierungen und ihre Beratungsstäbe wurde die Situation noch unübersichtlicher und unsicherer, als sie ohnehin schon war. Medial sahen sie sich unter Druck gesetzt, *der* Wissenschaft zu folgen, real waren sie mit einer Vielfalt an unbestätigten Expertenmeinungen konfrontiert. Die meisten Regierungen suchten ihre Rettung darin, auf jene Expertenstimmen zu hören, die zugleich wissenschaftliches Renommee ausstrahlten und ihren politischen Ansichten nahestanden, um diese dann in der Öffentlichkeit als *die* Wissenschaft auszugeben.

Der britische Politologe Paul Cairney hat daher zurecht betont: Wenn Politiker in der Corona-Krise sagen, sie folgen der Wissenschaft, so meinen sie »unseren Wissenschaftlern« (Cairney 2021). Großbritannien ist dafür exemplarisch. Entgegen den Darstellungen in vielen Medien ließ sich die Tory-Regierung von Boris Johnson sehr wohl von wissenschaftlichem Rat leiten, als sie im März 2020 den ersten Lockdown hinauszögerte, bis es zu spät war, um das Gesundheitssystem vor Überlastung zu schützen. Die Regierung hörte auf die offizielle Scientific Advisory Group for Emergencies (SAGE), in der anerkannte und unabhängige Spezialisten aus diversen Fachgebieten mitwirkten. Sie waren es, die dem Premierminister anfänglich, gestützt auf rationale Überlegungen und spärliche Befunde, empfahlen, keine harten Maßnahmen zu ergreifen. Ihre Empfehlungen wurden später von vielen Seiten, teilweise auch von den Mitgliedern des SAGE selbst, als Fehler eingestuft. Dennoch wäre es aus der Rückschau falsch, sie als »unwissenschaftlich« zu disqualifizieren. Vielmehr verdeutlichen sie, wie stark wissenschaftliche Empfehlungen von Expertengremien, gerade zu Beginn einer Krise, wo die Gefahr schwierig einzuschätzen ist, von normativen Motiven bestimmt sind, die dem Wertehorizont der regierenden Partei entsprechen. Mit den Tories führte in Großbritannien eine Partei durch die Pandemie, die mit ihrer Skepsis gegenüber dem starken Staat und ihrer Emphase der individuellen Freiheit besondere Überwindungskraft brauchte, um einen Lockdown zu verhängen. Die Angst vor politischem Übersteuern erschwerte das präventive Eingreifen. Offenbar ging es, wie Cairney aufzeigt, dem wissenschaftlichen Beratungspersonal mit Zugang zum Kabinett ähnlich (Cairney 2021). Es bedarf also in der Regel keiner Manipulation durch die Regierung, um Experten auf Kurs zu bringen. Dafür sorgt das normative Einverständnis von allein. Entsprechend gibt es auch keinen »vor-politischen« Zustand der Expertise, sondern nur einen mehr oder weniger reflektierten und transparenten Umgang mit der Wertedimension von wissenschaftlichem Rat.

Die Existenz eines offiziellen Expertengremiums für die Pandemiebekämpfung führte in England also gerade nicht zur Fiktion einer Wissenschaft, die »mit einer Stimme spricht«, sondern zur Einsicht in den politisierten Charakter jeder Expertise, gerade in einer komplexen Krisensituation. Schon im Mai 2020 erhielt SAGE mediale Konkurrenz in der Form eines Independent SAGE. Präsidiert wurde die öffentlich beratende Expertenrunde vom ehemaligen Chief Scientific Adviser, Sir David Anthony King. Damit erhielt die Westminster-Demokratie mit ihrer Zweiteilung von Regierung und Opposition ein nahezu identisches Abbild in der Organisation von Expertise. Komplettiert wurde die politische Aufstellung der Wissenschaft durch eine kleine, aber feine Minderheit von *corona centrists* wie François Balloux und Oliver Johnson, die sich als Anti-Polarisierer verstanden, indem sie sich ebenso klar von jenen abgrenzten, die das Virus »durchlaufen« lassen wollten, als auch von jenen, die es bis zur Elimination bekämpfen wollten. Indem sie sich politisch positionierten, waren die *corona centrists* auch besser in der Lage, die Fallstricke der Voreingenommenheit, die allen Experten drohen, offen zu adressieren. Balloux sagte dazu im August 2021: »Wir haben Vorannahmen, die beeinflussen, wie wir neue Informationen betrachten. Als Wissenschaftler ist es sehr wichtig, keine übermäßig starken Vorannahmen zu haben – man muss offen für Überraschungen sein und seine Vorannahmen durch neue Daten aktualisieren lassen. Es ist wichtig, sich mit neuen Erkenntnissen auseinanderzusetzen. Dogmatisch zu sein ist problematisch.« (Balloux 2021) Mit anderen Worten: Je stärker der pandemiepolitische Richtungsstreit im Namen der Wissenschaft geführt wird, desto schwächer droht die wissenschaftliche Qualität der Expertise zu werden.

»False balance« und »PLURV« als politische Kampfbegriffe

Dass Deutschland eine andere mediale Inszenierung von Expertise erlebte als England, lag also nicht etwa daran, dass hier die »richtige« Wissenschaft die Regierung beriet oder ihre Politisierung weniger stark ausfiel. Es hatte vielmehr damit zu tun, dass die falsche Analogie zur Klimakrise im Verlauf der Pandemie noch weiter getrieben wurde. Deutsche Experten griffen zu Beginn der Krise mit besonderer Kühnheit zum Mittel der Sofort-Politisierung ungeprüfter Forschungsbefunde aus dem eigenen Labor. Innerhalb eines Monats kam es gleich zu zwei Vorfällen, die für die verantwortlichen Forscher konträre Folgen hatten. Im einen Fall berichtete der Bonner Virologe Hendrik Streeck auf einer Pressekonferenz des Landes Nordrhein-Westfalen in Gegenwart von Ministerpräsident Armin Laschet über erste Ergebnisse seiner Heinsberg-Studie und empfahl der Politik sogleich, Öffnungsschritte einzuleiten. Parallel dazu veröffentlichte er auf Twitter provisorische Daten der Studie. Streeck erhielt für sein Vorgehen berechtigte Kritik, unter anderem von seinem Fachkollegen Christian Drosten, der darauf hinwies, dass hier politische Schlüsse aus Befunden gezogen wurden, die zu spärlich und zu unklar waren, um etwas aus ihnen abzuleiten. Knapp drei Wochen später war es Drosten selbst, der eine grobe statistische Aufbereitung von Daten zur Virenlast im Rachen von Patienten unterschiedlichen Alters online stellte, aus ihr den Schluss zog, Kinder könnten ähnlich ansteckend sein wie Erwachsene, und die Politik sogleich vor einer »uneingeschränkten Öffnung von Schulen und Kindergärten« warnte. Die Aufregung auf Twitter war groß, und das nicht nur in Deutschland. Renommierte Statistiker wie David Spiegelhalter kritisierten die Methode als unzureichend und die Schlussfolgerungen als unzutreffend, nur um ihre Aussagen kurz darauf zur eigenen Verblüffung als Munition in einer *Bild*-Kampagne gegen Drosten wiederzufinden. Für Drosten jedoch stellte sich die Intervention des Boulevard als Glücksfall heraus, denn sie sorgte für eine breite Solidarisierung mit ihm und lenkte davon ab, dass Drosten für fast das Gleiche kritisiert worden war, das er Streeck zuvor vorgeworfen hatte: unfertige Auswertungen zu veröffentlichen und sogleich mit politischen Forderungen zu verbinden. Darauf bezog sich Spiegelhalter, als er sagte: »Wir hätten uns nicht in dieser öffentlichen Weise eingebracht, wenn die Politik nicht schon von den ursprünglichen Autoren in die Studie hineingelegt worden wäre.« (McConway 2020)

Der »German Twitter storm shock horror«, den Spiegelhalter als unfreiwilliger Zeuge der *Bild*-Zeitung erlebte, brachte Deutschland um die Erkenntnis, die England gemacht hatte. Wissenschaftlicher Expertenstreit ist in der Pandemie auch politischer Richtungsstreit. Als Streeck und Drosten eigene Daten zu Argumenten für oder gegen eine rasche Öffnung aufbereiteten, bezogen sie uneingestanden Position im Wertekonflikt um Gesundheit, Freiheit und Bildungs- oder Generationengerechtigkeit, der sich in einer Pandemie extrem zuspitzt und in einer demokratischen Gesellschaft offen ausgetragen werden muss. Im Hintergrund standen dabei unterschiedliche Regierungskoalitionen, die Streeck auf Landes- und Drosten auf Bundesebene eine politische Bühne gaben.

Durch die *Bild*-Kampagne entstand nun aber der Eindruck, die Wissenschaft selbst sei in der Person Drostens unter Beschuss geraten. Das nutzte der Starvirologe mit seiner wachsenden Anhängerschaft in den Medien aus, um die pandemiepolitische Debatte unter Rückgriff auf Kategorien der Klimakrise als einen Kampf der Wissenschaft gegen die Wissenschaftsleugnung zu rahmen. In einem politisch heiklen Moment, als der von Drosten und der Leopoldina geforderte »Weihnachtslockdown« anstatt weniger Wochen mehrere Monate dauerte, beklagten er und mehrere Wissenschaftsjournalisten eine *false balance* der Expertenstimmen in den nationalen Medien. Der Begriff hatte zuvor Karriere in der Klimakrise gemacht, wo er sich gegen mediale Darstellungsformen von Expertise richtete, die konträre Positionen zur Klimakrise als gleichwertig erscheinen ließen, unabhängig davon, wie es um ihre wissenschaftliche Solidität stand. Die Kritik zielte darauf ab, die Medienberichterstattung im Allgemeinen und den Wissenschaftsjournalismus im Besonderen von einer Position der journalistischen Neutralität zur Parteinahme für die Klimawissenschaften zu bewegen (Fahy 2017). Expertenstimmen, denen es innerhalb der Klimawissenschaften an Anerkennung fehlte, sollten in den Medien nicht mehr (gleichwertig) zu Wort kommen. Die Kritik an der *false balance* ging einher mit der Betonung des wissenschaftlichen Konsenses. Dadurch erhöhte sich jedoch die Unklarheit, aus welcher Position Kritik an der klimawissenschaftlichen Expertise überhaupt noch öffentlich formuliert werden kann, um von den Kritisierten als legitim anerkannt zu werden. Die Folge war, dass auch für wissenschaftlich kompetente Kritik, wie sie Roger Pielke, Reiner Grundmann oder Silke Beck äußerten, die Akzeptanz im Wissenschaftsjournalismus wie in den Klimawissenschaften abnahm.

Die Schwierigkeit einer sauberen Trennung von unwissenschaftlichen Aussagen und unwillkommener Kritik nahm nochmals zu, als der Begriff der *false balance* auf die Corona-Krise übertragen wurde. Nun nämlich galt er eindeutig der medialen Präsenz von wissenschaftlich anerkannten Personen, die sich für eine andere Pandemiepolitik aussprachen. Gemeint war in erster Linie Hendrik Streeck. Die Angriffe gegen ihn wurden gerade nicht in der Absicht vorgetragen, seine Aussagen zur Fallsterblichkeit bei COVID-19 als wissenschaftlich fragwürdig auszuweisen (was sie durchaus waren), sondern ihn als »zu lockeren« oder gar »gefährlichen« Experten zu überführen. In einem *Spiegel*-Interview mit Christian Drosten im Januar 2021 behaupteten die beiden Interviewerinnen: »Einen größeren Schaden als Corona-Leugner haben im vergangenen Jahr wohl Experten angerichtet, die immer wieder gegen wissenschaftlich begründete Maßnahmen argumentiert haben, zum Beispiel Jonas Schmidt-Chanasit und Hendrik Streeck.« (Bredow, Hackenbroch 2021) Der Interviewte ließ den journalistischen Rufmord unkommentiert geschehen (Benner 2021).

Indem die Forderung zur medialen Unterdrückung abweichender Expertenmeinungen von der wissenschaftlichen auf die politische Ebene verlagert wurde, kam er einer versteckten Kampagne zur Gleichschaltung der Medien gleich. Wer sich dem Gebot der journalistischen Selbstzensur nicht fügte, wie Markus Lanz, der neben Karl Lauterbach, Viola Priesemann und Melanie Brinkmann weiterhin Hendrik Streeck in seine Sendung einlud, wurde dafür von Wächtern der wissenschaftlichen Ausgewogenheit wie Jan Böhmermann öffentlich diffamiert. Dass Priesemann und Brinkmann ebenfalls wissenschaftliche (und erst recht politische) Minderheitenpositionen vertraten, bloß im Lager der radikalen Eindämmungsfraktion, störte die *false balance*-Ankläger hingegen nicht.

Drosten selbst legte noch eine Schippe drauf, als er Ende März 2021 ein wissenschaftstheoretisch primitives Schema zur Entlarvung von Desinformation über den Klimawandel mit dem Akronym PLURV aufgriff, um Streeck vor versammeltem Radiopublikum der Wissenschaftsleugnung zu überführen. PLURV steht für »Pseudo-Experten«, »logische Trugschlüsse«, »unerfüllbare Erwartungen«, »Rosinenpickerei« und »Verschwörungstheorien« und bildet damit ein Gemisch aus analytisch unpräzisen Pejorativen, mit denen man bei selektiver Anwendung fast alles aufspießen kann, was einem gegen den Strich geht. Als Beweis für die Vollstreckung des akademischen Todesurteils diente Drosten ein ebenso banaler wie wahrer Satz, den Streeck wiederholt gesagt hatte: Es gehe darum, »mit dem Virus leben zu lernen«. Damit aber hatte Drosten erreicht, was er wollte (Drosten 2021). Sein eigener Nachfolger auf dem Lehrstuhl für Virologie der Universität Bonn war bei den Wodargs und Bhakdis entsorgt, und in deutschen Medien dominierte die Haltung: Drosten zu folgen, heißt, der Wissenschaft zu folgen.

Die Aggressivität, mit der Drosten und seine Anhänger Kampfbegriffe der Klimakrise nutzten, um abweichende Expertenstimmen zu delegitimieren, erstaunt umso mehr, als es in der Corona-Krise keine andere Demokratie auf der Welt gibt, in der ein einzelner Experte, der während der längsten Zeit der Pandemie kein offizielles Beratungsmandat innehatte, so viel mediale Macht besitzt wie Christian Drosten. Der Chefvirologe der Charité genießt den unangefochtenen Status als forschungsstärkster Corona-Experte Deutschlands, seine Bereitschaft und Begabung zur Aufklärung der Bevölkerung über das Virus hat ihm enorme Anerkennung und zahlreiche Preise eingebracht, und die Türen zum Kanzleramt und Gesundheitsministerium standen ihm stets offen. In den deutschen Medien wurde Drosten mehr Platz eingeräumt als allen anderen Virologen zusammen (Maurer, Reinemann, Kruschinski 2021). Nur Karl Lauterbach, der als »Parlamentarierexperte« eine mediale Sonderrolle einnahm, pandemiepolitisch aber ganz auf Drostens Seite stand, kam auf eine vergleichbare Präsenz. Wenn es in der deutschen Berichterstattung über Corona eine Unausgewogenheit gab, so war sie genau anders herum, als es die *false balance*-Polemiker behaupteten. Es bestand eine erdrückende Dominanz von Regierungspolitikern und ihren inoffiziellen Experten, die gemeinsam die Illusion erzeugten, die Politik folge *der* Wissenschaft. Sie sorgte dafür, dass allenthalben Sachzwänge unterstellt wurden, wo wissenschaftlich vertretbare Handlungsoptionen bestanden.

Wissen, Werte und die Rolle der Medien

Die Medien trugen zur Illusion einer wissenschaftlich folgsamen Politik bei, weil sie sich zu wenig um eine Differenzierung bemühten, die für jede Demokratie entscheidend ist, um komplexe Krisen ohne massive Verwerfungen zu bewältigen. Sie unterschieden nicht ausreichend zwischen Wissen und Werten, oder präziser gesagt: Sie legten die normativen Grundlagen wissenschaftlicher Erkenntnisansprüche und Handlungsempfehlungen kaum frei.

Die Unterlassung erleichterte es ihnen, strategischen Dissens unter Experten zum Skandal aufzubauschen, anstatt ihn als das zu behandeln, was er ist: eine erwartbare und bis zu einem gewissen Grad auch demokratisch erwünschte Realität. Dazu brauchten Medien nur den Eindruck zu erwecken, auf der einen Seite stehe die personifizierte Wissenschaft und auf der anderen die Scharlatanerie. Insofern zogen die Medien aus ihrem reduktionistischen Verständnis von Wissenschaft direkten Profit. Wo ein Krawall vom Zaun gebrochen werden kann, gibt es viele Klicks.

Demokratisch hingegen wog das Versäumnis der Medien umso schwerer, als der Deutsche Ethikrat schon zu Beginn der Pandemie vor der Gefahr einer Rahmung von Wertedilemmata als Wissenskonflikten gewarnt hatte, und Forschungen zeigen, dass sich die normativen Prioritäten in der Pandemiepolitik bereits von der ersten zur zweiten Welle markant verschoben hatten, ohne dass sich ein direkter Bezug zum wissenschaftlichen Erkenntnisfortschritt herstellen lässt (Ethikrat 2020, Angeli, Camporesi, Dal Fabbro 2021). Die normative Dimension der Pandemiepolitik ist umso bedeutsamer, als in Demokratien Maßnahmen nur dann wirksam sind, wenn sie von der Bevölkerung freiwillig mitgetragen werden. Verschieben sich die gesellschaftlichen Werteprioritäten, muss sich auch die wissenschaftliche Politikberatung den veränderten Gegebenheiten anpassen.

Während es von politischen Journalisten zu viel verlangt wäre, sich in Wissenschaftstheorie genügend auszukennen, um die »Epistemisierung« normativer Präferenzen durchleuchten zu können, muss man es von Wissenschaftsjournalisten erwarten. Dafür aber fehlte den meisten von ihnen das kritische Selbstverständnis gegenüber der Wissenschaft. Der Wissenschaftsjournalismus leistete einen großen Beitrag zur Vermittlung und Einordnung neuer Forschungsbefunde, ließ jedoch in der Beurteilung der wissenschaftlichen Politikberatung, zumal jener der medial mächtigsten und politisch einflussreichsten Experten,

Distanz und Unabhängigkeit vermissen. Damit agierte auch er als Kind der Klimakrise, doppelt verunsichert von der Leugnung des Klimawandels und von der *false balance*-Kritik, die Wissenschaftsjournalisten immer häufiger in die Rolle von medialen Bodyguards für wissenschaftliche Experten gedrängt haben.

Zwar sind Wertefragen von Wissensfragen, wie schon Max Weber und erst recht Thomas Kuhn betont haben, kaum systematisch zu trennen (Douglas 2009), aber das Bemühen um eine Sichtbarmachung der normativen Dimensionen von Expertise ist zentral, um in einer Demokratie Klarheit darüber zu gewinnen, wo die Verantwortung der Wissenschaft endet und jene der Politik beginnt. In Wissensfragen ist Meinungspluralismus die Ausnahme, in Wertefragen ist er die Regel, und daher ist es für demokratische Gesellschaften essenziell, dass um die Geltung von Werteprioritäten politisch gestritten werden kann. Gelingt das nicht, verlieren alle, die zur politischen Mitsprache berechtigt sind, an Mündigkeit und Autonomie. Regierungen halten sich nur noch für durchsetzungsfähig, wenn sie sich auf Pressekonferenzen mit prominenten Experten flankieren und beim ersten Anzeichen von Opposition ganze Expertenkollektive vor den eigenen Karren spannen, die ihnen als Repräsentationsinstanz der Wissenschaft die Notwendigkeit und Dringlichkeit ihrer Politik beglaubigen. Wenn sich doch Opposition regt, was in einer funktionierenden Demokratie zu erwarten ist, muss sich auch diese mit Expertise aufrüsten, im besten Fall mit wissenschaftlich anerkannten Gegenexperten, im schlechteren, wenn für die eigene Position keine solchen zu finden sind, mit Alternativexperten, die sich auf die mediale Inszenierung von Wissenschaftlichkeit ohne Substanz spezialisieren. Selbst jene Kräfte, die sich als letzte Bastion der Expertokratie-Kritik verstehen, suchen die mediale Aufmerksamkeit durch das kommunikative Arrangement von Expertenbefragungen, wie die Aktion »Alles auf den Tisch« zeigt. In spiegelbildlicher Inszenierung zu den Medien, die sie fundamental in Frage stellen, formulieren sie ihre Positionen in der Form von Experteninterviews, wobei Schauspieler die Rolle von journalistischen Fragestellern spielen.

Wird wissenschaftliche Expertise zur politischen Panzerung, mit der Wertekonflikte zu Wissenskonflikten gesteigert werden, schadet das nicht nur der Akzeptanz der Politik, sondern mit der Zeit auch dem Ansehen der Wissenschaft. Forschende werden dazu verleitet, sich jenseits ihres wissenschaftlichen Kompetenzbereichs zu bewegen, wo sie dann auch leichter unter Beschuss geraten. Die Pandemiepolitik hat wiederholt Situationen hervorgebracht, in denen die Wissenschaft als Autoritätsquelle für Positionsbezüge herhalten musste, die normativ zu begründen und damit offen für eine demokratische Diskussion hätten sein müssen. In wissenschaftlichen Daten zur Letalität und Infektiosität des Virus steckt kein politisches Programm für seine Bekämpfung. Aus Modellierungen einer drohenden Ansteckungswelle lassen sich keine wissenschaftlichen Sachzwänge für einen Lockdown ableiten. Die Frage, ob Schulen zu schließen oder zu öffnen sind, kann weder mit der Viruslast im Kinderrachen noch mit dem Bildungsverlust beim Onlineunterricht beantwortet werden. Ansteckungszahlen mit allen Mitteln auf eine Inzidenz unter zehn zu drücken, ist keine wissenschaftliche Position. Expertise ist für all diese Fragen relevant, aber es geht kein Entscheidungsdiktat von ihr aus. Genau dies aber wurde von Politikern und Experten immer wieder unterstellt, indem sie ihre Werteprioritäten in Zahlen und Modellen versteckten und damit Handlungsimperative formulierten. So kam es, dass die politische Polarisierung mit der No-Covid-Strategie am einen und der No-Lockdown-Strategie am anderen Extrem kaum mehr als das erschien, was sie eigentlich war: eine Konfrontation normativer Fundamentalgegensätze, die sich beide von einer wissenschaftlichen Politikberatung, welche sich an der Kunst des demokratisch Zulässigen und gesellschaftlich Möglichen ausrichtet, verabschiedet haben.

Durch die Verkleidung von Wertekonflikten als Wissenskonflikte geriet aus dem Blick, dass man sich in einer Pandemie, gerade weil es um die Abwägung von Grundwerten wie Freiheit, Gesundheit und Gerechtigkeit geht, zugleich wissenschaftlich einig und politisch uneinig sein kann. Hätten Wissenschaft, Medien und Politik dafür ein Einsehen gehabt, wäre im Zuge der Corona-Krise wohl nicht so viel Intoleranz, Rechthaberei und Bitterkeit entstanden.

Mediale Expertenprominenz und wissenschaftliche Politikberatung

Die mediale Macht von Experten als Dominatoren von Wissenskonflikten hat Konsequenzen für ihre herkömmliche Krisenfunktion: die wissenschaftliche Politikberatung durch institutionelle Kanäle. Akute Krisen sind für demokratische Regierungen Situationen erhöhten Handlungsdruckes unter gesteigerter Unsicherheit. Wissenschaftliche Politikberatung hat in ihnen zwei Hauptaufgaben zu erfüllen. Sie muss Unsicherheiten reduzieren oder zumindest systematisch adressieren, und sie muss Handlungsmöglichkeiten für ein rasches Eingreifen mit großer Hebelwirkung unter Abschätzung der jeweiligen Chancen und Risiken aufzeigen. Damit soll sie eine möglichst wirkungsvolle Krisenbekämpfung zum Wohl der Regierten gewährleisten.

Die Krisenfunktion von staatlich nachgefragter Expertise ist nichts spezifisch Demokratisches, aber sie muss in Demokratien, verglichen mit Diktaturen oder Autokratien, stärker an den Bedürfnissen und Erwartungen der Regierten ausgerichtet sein. Das heißt jedoch nicht, dass sie zwingend im medialen Scheinwerferlicht stattzufinden hat. Solange wissenschaftliche Politikberatung jede aktive Mitsprache bei Entscheidungen ausschließt, gebietet keine demokratische Norm, die involvierten Forschenden medial sichtbar oder gar prominent zu machen. Die öffentliche

Bühne bleibt den Akteuren überlassen, die politische Verantwortung tragen. Die Krisenexpertise kann aus unabhängigen Kommissionen, Verwaltungsstäben oder Ressortforschungseinrichtungen erfolgen. Entscheidend für eine effektive Krisenpolitik ist, dass sich Experten und Entscheidungsträger vertraut sind und sich vertrauen. Kompetenzen müssen klar verteilt und Abläufe eingespielt sein, wenn es darum geht, einen Brand rasch unter Kontrolle zu bringen.

Hat man es mit einer neuartigen Bedrohungslage zu tun, vermögen Experten nur bedingt gesichertes Wissen zu vermitteln. Wie aber können sie die hohe Unsicherheit von Entscheidungsträgern reduzieren? Am ehesten mit vorläufigen Lageanalysen, die den politischen Manövrierraum für Maßnahmen zur Eindämmung des drohenden Schadens abstecken. Wesentlich für die Qualität der Lageanalysen ist dabei nicht nur die Sichtung aktueller Forschungsresultate, sondern auch die Informationsbeschaffung von Gewährsleuten aus Gebieten, die von der Krise früher erfasst worden sind. Wissenschaftliche Expertise vermischt sich mit improvisierter Beratung. So ist auch kaum zu vermeiden, dass Maßnahmen empfohlen werden, deren Wirksamkeit noch nicht wissenschaftlich erwiesen ist. In der Eurokrise sprach man von »unorthodoxen« oder »unkonventionellen« Methoden, in der Corona-Krise waren sie, wenn nicht dem Namen, so wohl der Sache nach, allgegenwärtig. Bereits im März 2020 modellierten Epidemiologen den Effekt von Schulschließungen auf die Reproduktionszahl, ohne über die Ansteckungsgefahr von Kindern Genaueres zu wissen, und errechneten die Wirksamkeit einer digitalen Kontaktverfolgung von Infizierten, bevor die Technologie einsetzbar war (Ferguson et al. 2020; Ferretti et al. 2020). In beiden Fällen löste die spekulative Mathematik politische Maßnahmen aus, ohne dass eine Bestätigung der prognostizierten Effekte vorlag. Die unorthodoxe Methode schlechthin aber war die Verhängung von nationalen »Lockdowns«, das heißt die Stilllegung des gesellschaftlichen Lebens in ganzen Staatsgebieten, zu Beginn noch gesteigert durch die Abriegelung der Grenzen, wofür es weder Präzedenzfälle in früheren Seuchen noch Szenarien in existierenden Pandemieplänen gab.

Politische Entscheidungen in akuten Krisen können also »expertenbasiert« und trotzdem kaum »wissenschaftlich abgestützt« sein. Damit wird Expertise in der Krise selbst zum Risikogeschäft mit vor-wissenschaftlicher Komponente. Ihr epistemisches Fundament ist brüchiger als in Normalzeiten, und zugleich haben ihre Einschätzungen mehr Gewicht. Die Situation entspricht dem Anforderungsprofil für »honest brokers of policy alternatives«, wie der Wissenschaftsforscher Roger Pielke Experten bezeichnet, die auf der Basis einer epistemischen *und* normativen Lageanalyse verschiedene Handlungsmöglichkeiten aufzeigen, ohne sich auf eine bestimmte Option festzulegen und diese als wissenschaftlich geboten auszugeben (Pielke 2007). Sie sind auf Regierungen mit der doppelten Bereitschaft angewiesen, kapitale Entscheidungen zu treffen und diese mit politischen Argumenten zu rechtfertigen. Experten verhalten sich als ehrliche Vermittler keinesfalls werturteilsfrei oder relativistisch, denn sie schließen bestimmte Optionen gezielt aus. Sie schränken den politischen Handlungsspielraum ein, um ihn in einem Bereich vertretbarer Entscheidungen wieder zu öffnen. Insofern repräsentieren sie eine eingeschränkte Neutralität der Expertise.

Je prominenter nun aber Experten, die keine institutionelle Politikberatung leisten, in medialen Deutungskämpfen des Krisengeschehens auftreten, desto größer wird der Druck auf Regierungen, sich in der Kommunikation nach außen mit wissenschaftlicher Expertise aufzumunitionieren, um ihre Maßnahmen zu rechtfertigen. Es reicht nicht, die Ergebnisse der Krisenpolitik für sich sprechen zu lassen, wenn »Wissen« als entscheidende Erfolgsvoraussetzung gilt und Experten in Medien mit konträren Wissensansprüchen und politischen Forderungen aufeinanderprallen. Regierungen müssen um öffentliche Zustimmung für ihre Politik werben, indem sie ihr eigenes Wissensarsenal in der Form von medial präsenten Expertenfiguren zur Schau stellen.

Dazu haben sie zwei Möglichkeiten, die sich zwar gegenseitig nicht ausschließen, aber auch nicht reibungslos ergänzen. Die erste besteht darin, Mitglieder offizieller Beratungsgremien in der Öffentlichkeit als Autoritätsquellen des Regierungswissens auftreten zu lassen. Wichtig bei diesem Vorgehen ist, mediale Formate und Rollen zu wählen, die keine kontradiktorische Inszenierung von Expertise zulassen. Regierungsexperten müssen über den Niederungen der Wissenskonflikte medial engagierter Experten stehen. Ideal ist das Format des schriftlichen Berichts mit mehreren Handlungsszenarien und die Rolle des *honest broker*, der sich davor hütet, Politikberatung in komplexen Krisen als Vermittlung wissenschaftlicher Sachzwänge darzustellen. Diese Option bedarf einer demokratisch gefestigten und wissenschaftlich aufgeklärten Öffentlichkeit, die imstande ist, die Rollen von wissenschaftlichen Regierungsberatern und medial aktiven Experten zu unterscheiden. Die systematische Trennung dieser beiden Rollen ist zentral für die politische Effektivität und öffentliche Akzeptanz der wissenschaftlichen Politikberatung.

Die zweite, politisch riskantere und demokratisch problematischere Möglichkeit ist jene, von der die deutsche Bundesregierung unter Angela Merkel mehrmals Gebrauch gemacht hat. Sie besteht darin, medial dominante Experten ohne Beratungsmandat informell einzubinden und als personifizierte »Stimme der Wissenschaft« zur Durchsetzung der Regierungspolitik zu nutzen. In diesem Fall ergreift die Regierung Partei im medial ausgetragenen Wissenskonflikt, indem sie einen bestimmten Standpunkt zur offiziellen Wahrheit erhebt und die anderen als unwissenschaftlich abqualifiziert. Sie setzt Expertise gezielt ein, um den öffentlichen Krisendiskurs in ihrem Sinne zu kanalisieren und anstehende Entscheide als wissenschaftlich notwendig auszuweisen. Dadurch geraten die Medien ihrerseits unter Druck, die politische Privilegierung einzelner Experten als Resultat einer wissenschaftlichen Auslese darzustellen und die Krisenpolitik der Regierung zum einzig richtigen Weg zu erklären. Wenn es darum geht, konkurrierende Expertenmeinungen in den Medien zu marginalisieren, drängt sich die Rolle des *stealth issue advocate* auf, wie Roger Pielke die aktivistische Gegenfigur zum *honest broker* nennt: Prominente Experten formulieren vor großem Publikum unter Berufung auf wissenschaftliche Sachzwänge politische Imperative (Pielke 2007). Mögliche Alternativen, epistemische Unsicherheiten und normative Dilemmata kommen nicht zur Sprache. Die Regierung hört die warnenden Rufe *der* Wissenschaft, setzt deren Forderungen dankbar um – und wird auf dem falschen Fuß erwischt, wenn sie nicht die prognostizierten Effekte zeitigen.

Begibt sich eine Exekutive während einer Krise in die Abhängigkeit von medial aktiven Experten mit großer Gefolgschaft, ist sie in ihrer Handlungsfähigkeit eingeschränkt und kann auf veränderte Realitäten weniger flexibel reagieren. Experten, die sich zum Krisengeschehen laufend in der Öffentlichkeit äußern und dabei politische Maßnahmen fordern, werden in ihren Einschätzungen zu neuen Situationen stärker an früher gemachten Aussagen gemessen als Kollegen in wissenschaftlichen Beratungsgremien, die in ihrem Schatten output-orientierte Politikberatung betreiben. Das Gebot der ideologischen Konsistenz hat für sie höhere Geltung als jenes der pragmatischen Anpassung. Je länger eine Krise dauert, desto riskanter wird die mediale Expertenprominenz für die Regierung. Sobald die Legitimation der Krisenpolitik auf der Ergebnisseite bröckelt, ist es auch um die Legitimation ihrer vermeintlichen Erfolgsgaranten auf der Eingangsseite geschehen.

Die größte Gefahr dieses Vorgehens besteht jedoch darin, dass der mediale Wissenskonflikt durch die politische Parteinahme für eine Seite nicht kanalisiert wird, sondern eskaliert, bis medial aktive Experten aller Lager den politischen Diskurs dominieren. Diese Gefahr ist in akuten Krisen deshalb groß, weil die Stärkung der Regierung dazu führt, dass medial prominente Experten mit dem Pfand ihrer Fachkompetenz in öffentliche Positionen einrücken, die zuvor von demokratisch gewählten Volksvertretern besetzt worden sind. Der Expertenstreit überlagert auf der medialen Bühne die Parteiendebatte. Er wird zur Fortsetzung der Politik mit anderen Mitteln und Personen, ohne dass er einen demokratischen Repräsentationsanspruch erheben oder durch formelle Mehrheitsentscheide geregelt werden könnte. So lässt er sich leicht von einer Krise auf die nächste übertragen – mit veränderten Vorzeichen und unbegrenztem Polarisierungspotenzial. Das Problem der demokratischen Legitimation stellt sich im Zeichen von Wissenskonflikten in neuer Dringlichkeit.

Literatur

Ackermann, Martin: »Epidemie könnte durch Impfen in acht Wochen enden«. In: *Schweizer Radio und Fernsehen*, 03.08.2021.

Angeli, Federica / Camporesi, Silvia / Dal Fabbro, Georgia: »The COVID-19 wicked problem in public health ethics: conflicting evidence, or incommensurable values?«. In: *Humanities & Social Sciences Communications* 8 (2021), 2021.

Balloux, François: Interview: »The Pandemic has Created a Market for Gloom and Doom«. In: *The Guardian*, 07.08.2021.

Benner, Thorsten: »Die gewünschte Schockwirkung erzielen«. In: *Cicero*, 05.05.2021.

Bogner, Alexander: *Die Epistemisierung des Politischen. Wie die Macht des Wissens die Demokratie gefährdet.* Ditzingen 2021.

Bredow, Rafaela von / Hackenbroch, Veronika: »Ich habe schlimme Befürchtungen, was sonst im Frühjahr oder Sommer passieren könnte«. In: *Spiegel*, 22.01.2021.

Cairney, Paul: »The UK Government's COVID-19 Policy: What Does ›Guided by the Science‹ Mean in Practice?«. In: *Frontiers in Political Science*, 15.03.2021.

Deutscher Ethikrat: *Solidarität und Verantwortung in der Corona-Krise. Ad-hoc-Empfehlung*. Berlin, 27.03.2020.

Douglas, Heather E.: *Science, Policy, and the Value-free Ideal*. Pittsburgh 2009.

Drosten, Christian: »Die Lage ist ernst«. In: *Coronavirus-Update*, 31.03.2021.

Fahy, Declan: »Objectivity, False Balance, and Advocacy in News Coverage of Climate Change«. In: *Climate Science*, 29.03.2017.

Ferguson, Neil M. et al.: *Report 9: Impact of non-pharmaceutical interventions (NPIs) to reduce COVID-19 mortality and healthcare demand*. 16.03.2020.

Ferretti, Luca et al.: »Quantifying SARS-CoV-2 transmission suggests epidemic control with digital contact tracing«. In: *MedRxiv*, 12.03.2020.

Grundmann, Reiner: »COVID and Climate: Similarities and Differences«. In: *Climate Change* (2021), 12(6), e737.

Grundmann, Reiner / Rödder, Simone: »Sociological Perspectives on Earth System Modeling«. In: *Journal of Advances in Modeling Earth Systems* 11 (2019), S. 3878–3892.

Hein-Kircher, Heidi: »Krisen in der Erinnerung – Erinnerung in Krisen: Die Bedeutung politischer Mythen für das Geschichtsbewusstsein und zur Krisenbewältigung«. In: *Handbuch Krisenforschung*. Hg. von Bösch, Frank / Deitelhoff, Nicole und Kroll, Stefan. Wiesbaden 2020, S. 77–92.

Hilgartner, Stephen J. / Hurlbut, Benjamin und Jasanoff, Sheila: »Was ›Science‹ on the Ballot?«. In: *Science* 371 (2021), S. 893–894.

Hirschi, Caspar: »Expertise in der Krise. Zur Totalisierung der Expertenrolle in der Euro-, Klima- und Coronakrise«. In: Büttner, Stephan / Laux, Thomas (Hg.): *Umstrittene Expertise. Zur Wissensproblematik der Politik* (Leviathan Sonderband 38). Baden-Baden 2021, S. 161–186.

Johnston, Sean F.: *Techno-Fixers: Origins and Implications of Technological Faith*. Montreal 2020.

Maurer, Marcus, Reinemann, Carsten, Kruschinski, Simon: *Eine empirische Studie zur Qualität der journalistischen Berichterstattung über die Corona-Pandemie*. Hg. von der Rudolf Augstein Stiftung, Hamburg 2021.

McConway, Kevin: »Will the New Coronavirus Lead to New Ways of Reporting on Statistics?«. In: *Conference on Coronavirus, Statistical Chaos and the News*, 04.12.2020.

Pielke, Roger A.: *The Honest Broker. Making Sense of Science Policy and Politics*, Cambridge 2007.

Wolfgang Merkel
Demokratische Resilienz in Zeiten der Transformation

Resilienz ist dabei, zu einem Schlüsselbegriff in Wissenschaft und Gesellschaft aufzusteigen. Dies gilt für die beiden ersten Dekaden des 21. Jahrhunderts und vermutlich über diese hinaus. Resilienz wird heute in so unterschiedlichen wissenschaftlichen Disziplinen wie der Materialwissenschaft, der Architektur, dem Ingenieurwesen, aber auch der Gesundheitsforschung, Psychologie, Soziologie, Ökologie, Nachhaltigkeitswissenschaft und nun beginnend auch in der Politikwissenschaft verwendet.

Zunächst aus der Werkstoffphysik kommend, beschreibt der Begriff die Fähigkeit von »Materialien, nach ihrer temporären Verformung wieder in ihren Ausgangszustand zurückzukehren« (Bröckling 2017: 1). Allgemeiner bedeutet Resilienz die Fähigkeit eines Gegenstandes oder eines Systems, äußeren und inneren Störungen, Zumutungen und Schocks zu widerstehen, ohne seine grundsätzlichen Strukturen und Funktionen aufzugeben – also keinem Gegenstands- oder Systemwechsel zu unterliegen. Als wissenschaftlicher Begriff ist Resilienz ein Zwitterwesen. Er ist zum einen eine analytische Kategorie, die begrifflich-empirisch fassen will, »was ist« und zum anderen normativ postuliert, »was sein soll«. Dies gilt nicht zuletzt in der und für die Demokratieforschung.

Die Konjunkturen der Demokratie

Warum thematisieren wir in diesen Jahren zunehmend die Resilienz der Demokratie, ihre Notwendigkeit, die Möglichkeiten ihrer Stärkung und die Kräfte ihrer Auszehrung? Eine erste Antwort lautet: Weil die Demokratie heute in Gefahr ist, an innerer und äußerer Steuerungsfähigkeit verliert und sie deshalb als System durch effiziente autokratische Regime herausgefordert wird. Insbesondere die kapitalistische Diktatur der VR-China erscheint heute in der Effizienzfrage manchen als ein Konkurrent liberal-demokratischer (kapitalistischer) Systeme. Konkurrenzlos hohe wirtschaftliche Wachstumsraten, ein ungeheures ökonomisches Potenzial und eine als effektiv wahrgenommene Regierungsweise gegenüber fundamentalen Krisen wie der COVID-19-Pandemie wirken aus der Ferne als verführerisches Dispositiv gegenüber den Schwächen der Demokratie in Wirtschaft, Gesellschaft und Krisen.

Wie eine Gesellschaft und ihre professionellen Deuter:innen auf sich selbst und ihre politische Verfasstheit blicken, sagt mindestens so viel über den jeweils herrschenden Zeitgeist aus wie über den Zustand der Demokratie. Blicken wir zurück in die Nachkriegszeit nach 1945, so lassen sich Diskurskonjunkturen erkennen, die im Zwei-Dekaden-Rhythmus entweder die Krise der Demokratie oder ihre alternativlosen Stärken hervorheben. Optimismus und Pessimismus wechseln sich periodisch ab.

Als es nach der politischen und moralischen Katastrophe des Nationalsozialismus und des von ihm zu verantwortenden Zweiten Weltkriegs und Massenmordes an den europäischen Juden darum ging, ein neues politisches Regime in Deutschland-West aufzubauen, erschien die kapitalistische Demokratie keineswegs alternativlos. In Deutschland-Ost und dem sich herausbildenden Sowjetimperium war der Kommunismus für einen beachtlichen Teil der Bevölkerungen eine denkbare Alternative. Dennoch gab es in Deutschland-West eine stabile Mehrheit, die für die Demokratie optierte, wenngleich begleitet von autoritären und illiberalen Einstellungsrelikten im Bewusstsein vieler Bürger:innen. Mit dem Wirtschaftswunder in Deutschland und verzögert in den postautoritären Demokratien Österreichs, Italiens und Japans begannen die Bürger:innen unter dem Eindruck ihrer jeweiligen »Wirtschaftswunder« langsam auch eine positiv-affektive Beziehung zu »ihrer« marktwirtschaftlichen Demokratie zu entwickeln. Der Begriff »kapitalistisch« wurde dabei vermieden, er passte mit seinem kritischen Subtext nicht mehr in die Aufbruchstimmung der 1950er und 60er Jahre.

Der Optimismus immerwährender marktwirtschaftlicher wie demokratischer Prosperität wurde mit dem Ende des Bretton-Woods-Systems, dem ersten Ölpreisschock und einer beginnenden Stagflation zu Beginn der 1970er Jahre gebrochen. Zeitgeist und sozialwissenschaftliche Analyse sprachen nun von den Struktur- (Offe 1972) und Legitimationsproblemen (Habermas 1973) der spätkapitalistischen Demokratie oder aber von deren »Unregierbarkeit« (Crozier, Huntington, Watanuki 1975). Linke und konservative Kritik fanden dabei unbeabsichtigte Berührungspunkte.

Nach zwei Jahrzehnten des demokratischen Optimismus in den 1950er und 60er Jahren folgten nun zwei knappe Dekaden der Krisenchöre, bis das Sowjetimperium im Annus mirabilis von 1989 auseinanderbrach. Nun machte sich abermals fast zwei Jahrzehnte ein siegesgewisser Optimismus breit. Francis Fukuyama fabulierte auf der Grundlage der nur halb verdauten Geschichtsphilosophie G. W. F. Hegels vom Ende der Geschichte. Dieses manifestiere sich im endgültigen und weltweiten Sieg des politischen wie wirtschaftlichen Liberalismus. Der neue politische Triumphalismus schloss sich an den Siegeszug des ökonomischen Neoliberalismus nahtlos an. Es ging nun um die Demokratisierung der Welt und die Demokratisierung der Demokratie selbst. Die Friedensdividende versprach sich in eine Demokratiedividende zu transformieren. Es dauerte wiederum grob zwei Jahrzehnte, bis die Grundmelodie der Demokratieanalysen und politischen Diskurse sich ins pessimistische Gegenteil verkehrte (Merkel 2015).

Nun überschwemmten akademische Bücher namhafter Autoren den Markt, deren Titel schon ihre Essenz verkündeten: *Life and Death of Democracy*, *How Democracies Die*, *The End of Democracy*,

Niedergang der Demokratie oder kurz und bündig *Democrisis*. Der optimistische Überschwang der zwei Dekaden zuvor hatte sich in symmetrischer Übertreibung wieder in sein Gegenteil verkehrt. Allerdings beginnt sich jüngst synchron zu den Untergangs- und Krisengesängen eine andere Perspektive zu öffnen. Sie lässt sich kurz zusammengefasst als »demokratische Resilienz« oder »Resilienz der Demokratie« bezeichnen. Sie bestreitet nicht die ungelösten Herausforderungen der Demokratie oder die erkennbaren Tendenzen der demokratischen Erosion. Allerdings nimmt sie diese nicht als Ergebnis, sondern als Ausgangspunkt der eigenen Analysen und versucht auf dieser Grundlage über die Möglichkeitsbedingungen demokratischer Resilienz nachzudenken.

Was bedeutet »Resilienz der Demokratie«?

Nimmt man die medizinische Metapher der »Crisis« für die Demokratie ernst, wird man von einer existentiellen Herausforderung der Demokratie sprechen müssen. Dann geht es tatsächlich um »Leben oder Tod«, um »Sein oder Nicht-Sein«. Es geht um die Alternative demokratischer oder autokratischer Herrschaft. Diese Metaphorik für die etablierten liberalen Demokratien Westeuropas halte ich für verfehlt, da sie die Trivialisierung des Begriffs Krise nach sich zieht.

Dennoch kann man Zweifel hegen, dass die Demokratien des liberalen Westens gewappnet sind, die großen Herausforderungen des gegenwärtigen Transformationsjahrzehnts zu meistern. Und zwar so, dass ihre liberale Grundstruktur nicht beschädigt wird, die exekutive Problemlösungskompetenz durchsetzungsfähig ist und die Gesellschaft nicht auseinanderbricht. Ob diese drei für die Demokratie überlebenswichtigen Funktionen dem klimaneutralen CO_2-Umbau der Industriegesellschaft bei einer fairen Lastenverteilung standhalten können, darüber entscheidet die Resilienz der Demokratie.

Was aber ist demokratische Resilienz, welche Funktionen muss sie erfüllen und welche Strukturen und Akteur:innen benötigt sie? Ich definiere »demokratische Resilienz« wie folgt:

Demokratische Resilienz ist die Fähigkeit eines demokratischen Regimes, externe Herausforderungen und interne Stressoren zu absorbieren, sich den wandelnden funktionalen Bedingungen strukturell anzupassen, ohne in einen Regimewechsel zu geraten und seine definierenden Prinzipien, Funktionen und Werte aufzugeben oder zu beschädigen.

Bildlich lässt sich diese basale Definition folgendermaßen darstellen: In den Ecken sind paradigmatisch vier fundamentale Herausforderungen skizziert, die das liberal-demokratische System in den zwanziger Jahren des 21. Jahrhunderts so bestehen muss, dass es weder den ihn definierenden Charakter des liberalen Rechts-

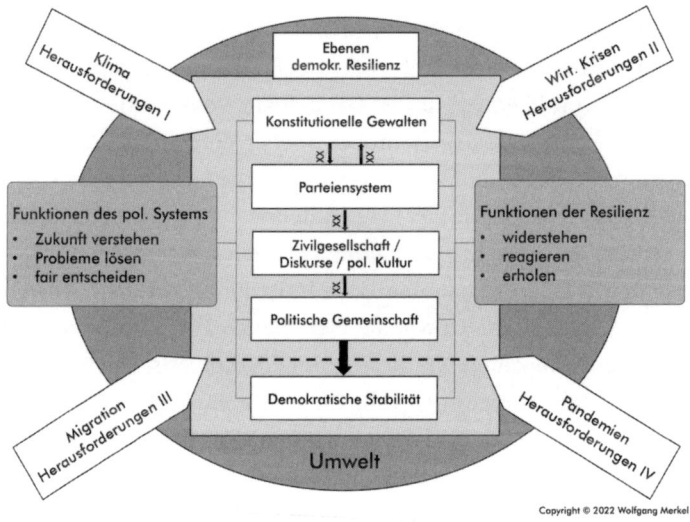

staats noch die geltungsrepräsentativ-partizipative Volkssouveränität verliert oder substantielle Beschädigungen erfährt. Diese vier Herausforderungen sind: CO_2-neutraler Umbau des fossilen Industriestaats; Wirtschaftskrisen und sozioökonomische Ungleichheit; Migration und Pandemie. Keineswegs die einzigen Zumutungen für das gegenwärtige Jahrzehnt, aber vermutlich sind es die größten. Für die Bearbeitung der transformativen Aufgaben stehen staatliche, politische und gesellschaftliche Akteure wie Regierungen, politische Parteien, Interessengruppen, NGOs oder Gerichte bereit. Sie müssen ihrerseits nach demokratischrechtsstaatlichen Prinzipien handeln, zumindest in ihrer deutlichen Mehrheit. Agieren Akteure wie etwa die präsidentielle Exekutive unter Putin in Russland oder Erdoğan in der Türkei mit allen ihren Machtressourcen konsequent gegen Rechtsstaat, Demokratie und Opposition, dann kippen rudimentär demokratische Regime in autokratische Herrschaft. Handeln Akteure wie die ungarische Regierung unter Orbans Fidesz oder die PiS in Polen illiberal und undemokratisch, treffen sie auf härtere institutionelle, oppositionelle und europäische Restriktionen, die ihren Handlungsraum erheblich einschränken. Sie kippen nicht einfach in vergleichbar autoritäre Regime, sondern transformieren sich von liberalen in illiberal-defekte Demokratien. Es sind die vier elementaren strukturellen Ebenen eines demokratischen Systems (s. Grafik), auf denen demokratische Resilienz produziert oder verloren wird. Die vier Ebenen stehen ihrerseits wechselseitig in einem dynamischen Verhältnis. Dadurch können sich positive wie negative (anti-)demokratische Infektionen auf die nächsten Ebenen ausbreiten. Ich will die vier Ebenen kurz durchleuchten und knapp indizieren, wie diese in ihrer demokratischen Resilienz im nächsten Jahrzehnt gestärkt werden können. Der Blick wird sich dabei nicht auf die neo-autoritären oder illiberalen Regime richten, sondern auf die Resilienz der gegenwärtig (noch) liberalrechtsstaatlichen Demokratien Westeuropas.

Gewaltenkontrolle und Gewaltenbalance

Im Zuge der Globalisierung und Europäisierung hat sich in den meisten der demokratischen Staaten eine Verschiebung der Machtbalance zwischen Exekutive, Legislative und Judikative ergeben. Insbesondere die Exekutive hat von dieser anhaltenden »Denationalisierung« (Michael Zürn) der Politikgestaltung profitiert. Denn es sind vor allem die Regierungen, die die Beschlussfassung bei den G7, G20, der WTO oder der EU tragen. Nationale Parlamente sind davon weitgehend ausgeschlossen und erlitten einen schleichenden Machtverlust.

Verstärkt wurde diese Machtverschiebung noch zusätzlich durch die Politikmuster in der Bekämpfung der COVID-19-Pandemie. In Deutschland wie in anderen europäischen Demokratien zog die Exekutive auf dem Verordnungswege oder über notstandsähnliche Befugnisse zusätzlich Entscheidungsgewalt an sich. Begründet wurde diese Machtverschiebung mit einem der Pandemie geschuldeten Zeitdruck, der keine »zeitraubenden« Parlamentsdebatten zuließe. Legitimationstheoretisch bedeutete dies, die Legitimationsquelle des partizipativen Inputs von Bürger:innen und Parlamenten wurde zugunsten des legitimatorischen Outputs, verstanden als Problemlösung durch die Exekutive, zurückgefahren. Dies muss in einer absoluten Notstandssituation nicht illegitim sein, droht aber Erinnerungssedimente bei durchgriffsbereiten Politiker:innen, bei trägen Institutionen und paternalismusaffinen Bürger:innen zurückzulassen. Positiv ist zu vermerken, dass insbesondere die Verwaltungsgerichtsbarkeit ihre rechtsstaatliche Rolle während der Corona-Pandemie zumindest in Deutschland sehr effektiv ausgefüllt hat, indem sie immer wieder exekutive Verordnungen als unverhältnismäßig »kassiert« hat. In der Zukunft wird aber insbesondere das Parlament als der legitimierende Kern der repräsentativen Demokratie gestärkt werden müssen. Für die Klimapolitik darf die Pandemie keine Blaupause sein. Bei dem klimaneutralen Umbau des fossilen Industriestaats müssen die Parlamente ihre Rechte als normsetzende und kontrollierende Institutionen wieder stärker wahrnehmen.

Parteien und Parteiensysteme

Politische Parteien sind in parlamentarischen Demokratien die dominierenden Akteure. Das gilt in besonderem Maße für Deutschland und die EU. Die durchschnittliche Wahlbeteiligung beträgt in der EU ungefähr zwei Drittel der Wahlberechtigten. Gleichzeitig zeigen aber solide Umfragen, wie jene des Eurobarometers, dramatisch niedrige Vertrauenswerte der Bürger:innen in politische Parteien. Mitglieder haben in den letzten zwanzig Jahren in Scharen die politischen Parteien verlassen. BÜNDNIS 90/ DIE GRÜNEN in Deutschland und die Rechtspopulisten in Europa sind hier die Ausnahmen. Die Wahlerfolge der Rechtspopulisten deuten zudem auf eine signifikante Repräsentationsschwäche der etablierten demokratischen Parteien hin. Das besondere Problem hierbei ist, dass die rechtspopulistischen Parteien bestenfalls »semi-loyale« Parteien gegenüber der Demokratie sind. In manchen Ländern haben sie gar anti-systemischen Charakter angenommen. Den Demokraten muss es gelingen, semi-loyale Parteigänger:innen der Rechtspopulisten zurück ins demokratische Lager zu ziehen und gleichzeitig die antidemokratischen Kerne zu isolieren.

Mit der Schwäche von dezidert linken Parteien in Westeuropa haben die Rechtspopulisten fast so etwas wie das Oppositionsmonopol für sich reklamieren können. Damit gewannen sie eine Bedeutung und Sichtbarkeit, die meist über ihre Wähleranteile hinausgeht. Resiliente Demokratien benötigen aber starke demokratieloyale Parteien, in Regierung und Opposition. Auch in Zeiten tiefer Krisen wie Pandemie und Klimawandel darf die demokratische Opposition, wie intensiv sie auch ihre Rolle wahrnimmt, nicht delegitimiert werden oder sich selbst temporär entmachten, wie das bei BÜNDNIS 90/DIE GRÜNEN während der Corona-Krise in Deutschland der Fall war. Die demokratischen Parteien müssen ihre Repräsentativität und Responsivität gerade gegenüber der unteren sozioökonomischen Hälfte verstärken. Gleichzeitig sollten sie andere Beteiligungsverfahren wie Volksabstimmungen oder Bürgerräte fördern und nicht blockieren. Denn Parteien werden in den individualisierten Gesellschaften des 21. Jahrhunderts nicht mehr alleine die gesellschaftliche Repräsentativität im politischen System garantieren können.

Zivilkultur und Zivilgesellschaft

In den letzten drei Dekaden konnte die reale Zivilgesellschaft nicht mit der Karriere ihres Begriffs Schritt halten. Vielmehr gab es eine Flucht aus Vereinen und gesellschaftlichen Verbänden. Gleichzeitig kam es allerdings zu einer Stärkung von politischen NGOs und der direkten politischen Zivilgesellschaft. Dieser Teil der Zivilgesellschaft hat seine unbezweifelbare Stärke in der Kontrolle der Herrschenden und Mächtigen. Die gesellschaftlichen Brückenfunktionen der klassischen Vereine und Verbände können diese NGOs jedoch nicht übernehmen. Denn die politischen zivilgesellschaftlichen »Assoziationen« (Tocqueville) bilden sich primär innerhalb der eigenen sozialen Klassen und Schichten, der eigenen ethnisch-kulturellen Identitäten oder sexuellen Präferenzen und Weltsichten. Ein Trend, der sich in vielen westlichen Zivilgesellschaften verstärkt hat. So vertiefen sie eher die Gräben in der Gesellschaft. Dies wird insbesondere in den Debatten zu Immigration, COVID-19 und Klimawandel sichtbar. Sie führen eher zu diskursiven Abbrüchen von Brücken in der Gesellschaft als zu deren Aufbau und Festigung. Die Exklusion der »Anderen« und nicht die Inklusion »Aller« kennzeichnet die gegenwärtige Textur und Kerndynamik unserer (Zivil)gesellschaften. Was in den

USA weit fortgeschritten ist, scheint sich wieder einmal mit einer gewissen Zeitverzögerung auch in Europa auszubreiten. Haben Tocqueville und Marx auf ihre je eigene Art recht, dann halten die Vereinigten Staaten von Amerika dem alten Kontinent Europa wieder einmal den Spiegel seiner Zukunft vor.

Für die Resilienz der Demokratie muss gelten, dass die Zerteilung der Zivilgesellschaft in Freund und Feind überwunden, zumindest aber gestoppt werden muss. Es gilt soziales Brückenkapital zwischen den einzelnen Teilgesellschaften zu bilden. *Bonding social capital* vertieft dagegen die Gräben und unterminiert das gemeinschaftliche Gefühl der gesellschaftlichen Zugehörigkeit. Die Rechte spaltet die Gesellschaft mit ihrem Ethnonationalismus. Die sich selbst ausgrenzenden und ausgegrenzten Querdenker – eine Minderheit in der Gesellschaft – radikalisieren sich und die gesellschaftlichen Debatten. Aber nicht nur die Rechte spaltet die Gesellschaft. Auch die gebildeten, sozial meist privilegierten links-liberalen Kosmopoliten benutzen ihre weit ausgefransten (Kampf-)Begriffe wie Rassismus, Sexismus, Corona- und Klimaleugnung, um sich selbst als aufgeklärt und moralisch abzuheben und die andersdenkenden »Anderen« aus der Gemeinschaft der Vernünftigen und Anständigen auszugrenzen. Auch das trocknet den Humus der Gemeinsamkeit aus. Ohne ein bestimmtes Maß an Empathie, Toleranz und Gemeinschaftssinn können aber repressionsarme freiheitliche Demokratien nicht florieren.

Politische Gemeinschaft

E pluribus unum oder zeitgemäßer: *diversity in community*. Unsere Gesellschaft ist divers und von unterschiedlichen Identitäten geprägt. Dies bietet ein reiches Reservoir an kultureller Kreativität und demokratischem Pluralismus, insbesondere dann, wenn es gelingt, die unterschiedlichen gesellschaftlichen Identitäten in einer toleranten Gesellschaft zu vereinen. Jede einzelne gemeinschaftsverträgliche Identität soll geschützt werden und deren Mitglieder sollen sich zu einem größeren Ganzen zugehörig fühlen. Wenn aber Identitäten, seien sie nationalistischer, religiöser oder kultureller Provenienz, wechselseitig intolerante Ausprägungen annehmen und keinen Sinn für das notwendig Gemeinschaftliche entwickeln, verliert die politische Demokratie ihre soziale Basis. Dabei sollten die öffentlichen Diskurse die Relevanz wieder unterscheiden lernen, die zwischen der Anerkennung jeder minisküligen Gender- und Transvariante und dem gerechtigkeitstheoretischen wie praktischen Skandal existiert, dass nämlich die kapitalistischen Demokratien der Ober- wie Unterschicht eine Bestandsgarantie abgeben: Die oberen 20 Prozent bleiben in aller Regel oben, die unteren 20 Prozent in aller Regel unten. Um dies noch einmal explizit zu reformulieren: Die freie Wahl des eigenen Sexus und Gender soll in einem demokratischen Rechtsstaat auch für kleinste Minderheiten geschützt werden, aber die systematische Abkopplung der Unterschichten von fairen Lebens- und Karrierechancen ist ein ungleich relevanteres Problem für gerechte Gesellschaften. Typischerweise verfügen Erstere durchaus über eine relevante *voice* in Politik und Medien, während dies für Letztere kaum gilt. Allerdings werden die zwanziger Jahre dieses Jahrhunderts mit dem postfossilen Umbau des Industriestaats die soziale Frage wieder mit Recht und Wucht in den Vordergrund rücken. Nur wenn dieser Umbau über eine faire Lastenverteilung (Rawls) für oben und unten organisiert werden kann, können wir amerikanische (Nord wie Süd) Ungleichheitsverwerfungen vermeiden und die Gesellschaft zusammenhalten. Das wird für die Gesellschaft, Gemeinschaft und Demokratie wichtiger werden, als die postmodernen Identitätsdiskurse in der jeweils aktuellsten korrekten Begrifflichkeit zu führen.

Braucht die politische und soziale Gemeinschaft für ihre resiliente Selbstbeschreibung also ein Narrativ? Ein nationalistisch-chauvinistisches, wie es die Rechtspopulisten aller Länder zu evozieren suchen, bestimmt nicht. Der Versuch, dieses zu schreiben, hat im vergangenen Jahrhundert nichts als eine Blutspur durch Europa gezogen. Ob dies im 21. Jahrhundert grundlegend anders sein kann, mag bezweifelt werden. Dolf Sternberger und später Jürgen Habermas haben nicht zuletzt deshalb dem »dicken« ethnisch-nationalistischen Narrativ das »dünne« Identitätsangebot des Verfassungspatriotismus entgegengestellt. So elaboriert dieses Angebot auch sein mag, es erscheint zu dünn, um den Menschen einer Gesellschaft ein krisenfestes Zusammengehörigkeitsgefühl zu vermitteln. Aber es ist eine Grundlage, die verstärkt werden kann durch eine offene Gesellschaft, in der faire Institutionen und Verfahren eine gerechte Verteilung von materiellen Gütern, ideellen Werten und gleichen Lebenschancen erlauben; nicht nur auf dem Verfassungspapier, sondern auch in Wirklichkeit. Dafür könnten die zwanziger Jahre dieses Jahrhunderts eine Art neuer »Sattelzeit« (Kosselleck) abgeben.

Wissenschaft, Politik und demokratische Resilienz

Die COVID-19-Pandemie, die Klimakrise und der CO_2-neutrale Umbau des fossilen Industriestaats heben sich von Krisen der Vergangenheit sichtbar durch einen besonderen Umstand ab: Die Wissenschaften werden eine weit größere Rolle als in vergangenen Politiken spielen. Je komplexer das politische Problem, je tiefer die Krise und je ungewisser die Zukunft, umso mehr wird die Politik die Wissenschaft(en) als Partner, Wissens-, Modell- und Legitimationsproduzenten in die Politikgestaltung einbinden. Dieses nicht völlig neue, nun aber intensivierte Kooperationsverhältnis soll abschließend anhand der drei »Zukunftsfunktionen« beleuchtet werden, die auf der linken Seite in der Grafik abgebildet sind. Es geht um: *Zukunft verstehen, Probleme lösen, fair entscheiden.*

Zukunft verstehen

Zukunft verstehen und langfristig nach Zukunftserkenntnissen handeln, ist eine der Schwachstellen der Demokratie. Wie können die Wissenschaften helfen, diese Schwächen zu vermindern? Die zuständigen Wissenschaftsdisziplinen können auf Probleme in der Zukunft aufmerksam machen. Der Klimawandel ist sicher ein herausragendes Beispiel. Auf seine zerstörerische Brisanz hat die Klimaforschung seit mindestens drei Jahrzehnten verwiesen. In den offenen Gesellschaften haben die wissenschaftlichen Erkenntnisse, Mahnungen und Warnungen in den letzten Jahren einen breiten Resonanzraum gefunden. Die klassischen demokratischen Verstärker wie soziale Bewegungen, NGOs, Verbände, öffentliche Diskurse und schließlich Parteien haben diesen Resonanzraum ausgedehnt, sensibilisiert und gefüllt. Ein Problem ist allerdings dabei sichtbar geworden. Soziale Bewegungen wie etwa Fridays for Future (FFF) haben ein naives und letztlich problematisches Verständnis von Wissenschaft(en) und ihrer Rolle in einer demokratischen Gesellschaft. »Follow the science« oder »Science has told us« suggeriert, die Wissenschaft gebe es in einem eindeutigen Singular und diese diagnostiziere unmissverständlich nicht nur unisono das Problem, sondern schlage gleich auch die Lösungswege mit wissenschaftlicher Autorität vor. Die wissenschaftliche Erkenntnis im Singular mag noch bei einer solch allgemeinen Diagnose vorliegen, dass der Klimawandel von Menschen verursacht wurde. Wie aber die globale Erderwärmung am effektivsten gestoppt oder reduziert werden kann, da differenzieren sich die wissenschaftlichen Strategien (glücklicherweise) aus.

Die Strategiefrage ist zudem keine primär wissenschaftliche. Sie ist zutiefst politisch, da je nach Antwort verschiedene Individuen, Gruppen, Schichten und Klassen gewinnen und verlieren werden. Schon ganz am Anfang der Ampelkoalition wurde dieses Dilemma deutlich, als die Europäische Kommission und mit ihr Staaten wie Frankreich, die Niederlande, Finnland, Tschechien und andere Staaten Osteuropas die friedliche Nutzung der Kernenergie als ein probates Mittel klimaneutraler Politik ansahen. Teile der deutschen Ampelkoalition lehnen dieses Mittel jedoch strikt ab. Auch hier zeigt sich, die zivile Nutzung der Kernenergie ist keine primär wissenschaftliche, sondern eine zutiefst politische Frage. Ganz nebenbei bemerkt, scheint es auch, dass große Teile nicht nur der französischen Nuklearwissenschaft das Risiko der Kernenergie anders einschätzen als dies grüne Energiewissenschaftler:innen in Deutschland tun. »Follow the science« ist ein problematischer Mythos. Welcher Wissenschaft soll die Politik folgen? Die Wissenschaften müssen der Politik ihr Wissen, ihre Problemdiagnosen zur Verfügung stellen. Schon bei der Strategie zur Problemlösung aber können sie nur unterschiedliche Wege mit ihren jeweiligen Risiken und Chancen modellieren. Die Klimaforschung kann nur über das Klima reden. Für die Einschätzung der mit ihr verbundenen wirtschaftlichen, beschäftigungspolitischen oder sozialen Folgen hat sie keine Kompetenz. Darüber soll sie als Wissenschaft schweigen.

Probleme lösen

Nicht nur beim Erkennen von Problemen, sondern auch bei deren Lösung spielen die Wissenschaften eine wichtige Rolle. Herausragend waren in den letzten Jahren sicherlich die Entwicklung wirkungsvoller Impfstoffe gegen das Corona-Virus oder in der Klimapolitik die Entwicklung regenerativer CO_2-armer Energieproduktion.

Warum werden aber wissenschaftliche Erkenntnisse nicht einfach 1:1 umgesetzt, zum Beispiel in der Klimapolitik? Erstens liefern die Wissenschaften in der Regel Diagnosen, Modelle und Szenarien und keine Umsetzungsstrategien. Und wo sie es tun, überschreiten sie häufig die Grenze zwischen Wissenschaft und Politik. Zweitens ist die Politik anders als die hochspezialisierte wissenschaftliche Forschung, notwendigerweise Generalist. So gibt es in der Migrationsfrage, der Pandemiebekämpfung und der Klimapolitik nicht nur ein Problem, sondern bei der Problembearbeitung müssen vielfältige Folgewirkungen der Politik berücksichtigt werden, die auf Freiheitsrechte, Wirtschaftswachstum, den Arbeitsmarkt, Ungleichheit, Generationen- und Genderfragen abstrahlen. Die Vieldimensionalität und die bisweilen konfligierenden Ziele müssen deshalb in ein mehrdimensionales Geflecht von Interessen, Werten, *trade-offs* und Kompromissen eingebunden werden. Forschung fokussiert meist nur auf ein Erkenntnisziel, Politik ist notwendigerweise vielzielig.

Gegenwärtig wird gerne die vermeintliche Eindeutigkeit der wissenschaftlichen Wahrheit gegen die Uneindeutigkeit politischer Kommunikation und kompromissgebundene Entscheidungsfindung in Stellung gebracht. Dann werden bestenfalls »Klimapäckchen« geschnürt und nicht die notwendigen Klimapakete gepackt. Staats- oder Politikversagen heißt das dann, wo die Wissenschaft doch schon den richtigen Weg gewiesen habe. Gegen diese Art von Wissenschafts-Populismus, der sich so unfreiwillig prägnant in dem Imperativ »Follow the science« findet, bleibt an Niklas Luhmann zu erinnern, der die jeweilig spezifischen Kommunikations-Codes gesellschaftlicher Teilsysteme wie Wissenschaft, Wirtschaft und Politik herausgearbeitet hat. Nur wenn diese Codes nicht von außen gestört oder gar überformt werden, behalten sie ihre Leistungsfähigkeit. Das gilt für die Wissenschaft wie die Politik.

Dennoch: Wissenschaft bleibt auch bei der Problemlösung eminent wichtig. Allerdings kann sie keinen Primat in der Demokratie reklamieren. Im Übrigen ist in der Phase der Problemdiagnose wie der Problemlösung nicht eine »Wissenschaft« zu befragen, sondern ein breites Spektrum wissenschaftlicher Perspektiven: neben den unterschiedlichen Positionen in den Naturwissenschaften auch die vielfältigen Sparten der Sozial- und

Normwissenschaften von der Kinderpsychologie bis zur Makroökonomie, der Politik- bis zur Rechtswissenschaft.

Allerdings hat die Demokratie ein besonderes Problem, wenn sie langfristige Reformen rational zu entscheiden und politisch effektiv umzusetzen hat. Man kann dieses Problem das Dilemma der Asynchronität von politischer Investition und Amortisation nennen. Die Demokratie hat kurze Wahlzyklen – häufig vier Jahre. Diese verlocken rationale, stimmenmaximierende Politiker:innen nicht selten zu kurzfristigen Handlungsperspektiven, da sie stets auch wiedergewählt werden wollen. Das zieht Probleme nach sich. Langfristige Reformen wie die Klimapolitik, Renten oder Bildung wurden auch deshalb zu wenig angegangen, weil am Anfang hohe wirtschaftliche, soziale und politische Investitionen anfallen, die elektoralen Amortisationen dieser Investitionen aber möglicherweise erst in der nachfolgenden Legislaturperiode und dann noch vom politischen Gegner eingestrichen werden können. Den Klassiker dieser divergierenden Zeithorizonte lieferte in der jüngeren Vergangenheit die zweite Rot-Grüne Regierungskoalition unter Kanzler Gerhard Schröder (2002–2005). Die Umsetzung der Agenda 2010 und der Hartz-Reformen, wie nützlich sie auch immer für den wirtschaftlichen Aufschwung und die Gesamtgesellschaft waren, richteten vor allem im eigenen Lager diskursive und elektorale Flurschäden an. Sie führten letztendlich zur Wahlniederlage der SPD im Jahre 2005 und danach zu langfristigen Wähler- und Mitgliedereinbußen der Sozialdemokratie. Die Gewinner waren die Unionsparteien, da die neugewonnenen Wachstums- und Beschäftigungsschübe nun auf ihr Regierungskonto einzahlten. Profitiert hat auch DIE LINKE, die sich als die einzig wahre linke Partei und Verteidigerin der sozialen Gerechtigkeit inszenieren konnte.

Mit einem ähnlichen Asynchronitätsproblem von politischer Investition und ihrer elektoralen Amortisation könnte auch die Ampel-Koalition (2021 ff.) in der Klimapolitik konfrontiert werden.

Der Ausstieg aus den alten fossilen Energiequellen könnte kurzfristig größere wirtschaftliche, soziale und politische Kosten produzieren als regenerative Energieträger Gewinne in Produktion und Konsumption erwirtschaften können. Die Zeitspanne zwischen Investition und Amortisation würde sich dann sozial und politisch für die handelnde Regierung als kostspielig erweisen. Nur wenn die Ampelkoalition die anfallenden Kosten sozial fair verteilt und die Hoffnung und das Vertrauen auf eine nicht allzu ferne bessere Zukunft in weiten Teilen der Bevölkerung aufrecht erhalten kann, wird sie nicht an den Wahlurnen bestraft werden. Gelingt ihr das nicht, wird die gesamte Demokratie in Deutschland darunter leiden. Das Vertrauen in die Problemlösungsfähigkeit des demokratischen Systems, seiner Institutionen und Eliten wird dann weiter abnehmen.

Fair entscheiden

Demokratische Politik muss fair entscheiden. Das kann im emphatischen Sinne von John Rawls auch »gerecht« heißen. Die Gleichwertigkeit anerkennungswürdiger Interessen aller Bürger:innen muss im Blick behalten werden. Das ist schon im Allgemeinen nicht einfach. In tiefen Krisen ist es besonders schwer. In großen Transformationen, die in der Regel wirtschaftliche, soziale, technologische und politische Umwälzungen beinhalten, darf die Faustregel gelten, dass es besonders die unteren Schichten sind oder es die untere Einkommenshälfte ist, die die relativ größte Bürde tragen. Chancen und Risiken sind auch in (kapitalistischen) Demokratien sozial hochgradig ungleich verteilt. Das mag den sozial privilegierten Aktivistinnen von FFF nicht gegenwärtig sein. Aber demokratische Entscheidungen dürfen eben nicht nur den spezifischen Sichtweisen eindimensionaler sozialer Bewegungen oder einer wissenschaftlichen Disziplin folgen. Was deren Stärke ist, kann der demokratischen Politik Schwäche sein. Wissenschaft, soziale Bewegungen oder demokratische Politik besitzen eine je eigene Logik. Diese spezifischen Logiken machen ihre jeweilige Leistungsstärke aus. Gesellschaftliche Teilsysteme und Akteur:innen müssen miteinander kommunizieren und kooperieren, wechselseitig usurpieren dürfen sie sich nicht. Lose Kopplung nannte Niklas Luhmann das. Diese (und anderes) muss eine resiliente demokratische Politik garantieren. Und gerade darin sind demokratische Regime allen anderen politischen Regimen überlegen. Die Wissenschaften können und sollen demokratische Entscheidungen als Wissenslieferant unterstützen. Ersetzen dürfen sie sie jedoch nicht. Es gilt der Primat der Politik. Das unterscheidet die Demokratie von der Technokratie.

Literatur

Bröckling, Ulrich: *Resilienz. Über einen Schlüsselbegriff des 21. Jahrhunderts.* https://soziopolis.de/daten/kalenderblaetter/beobachten/kultur/artikel/resilienz/. 2017.

Crozier, Michel J./Huntington, Samuel P. und Watanuki, Joji: *The Crisis of Democracy. Report on the Governability of Democracies to the Trilateral Commission.* New York 1975.

Fukuyama, Francis: *Das Ende der Geschichte. Wo stehen wir?* München 1992.

Habermas, Jürgen: *Legitimationsprobleme im Spätkapitalismus.* Frankfurt 1973.

Luhmann, Niklas: *Ökologische Kommunikation. Kann die moderne Gesellschaft sich auf ökologische Gefährdungen einstellen?* Opladen 1984.

Merkel, Wolfgang (Hg.): *Demokratie und Krise. Zum schwierigen Verhältnis von Theorie und Empirie.* Wiesbaden 2015.

Offe, Claus: *Strukturprobleme des kapitalistischen Staates: Aufsätze zur Politischen Soziologie.* Frankfurt 1972.

Rawls, John: *Eine Theorie der Gerechtigkeit.* Frankfurt 1975.

Zürn, Michael: *Regieren jenseits des Nationalstaats.* Frankfurt 1998.

Olivia Mitscherlich-Schönherr

Kluges Handeln in der Krise – eine kritische Phänomenologie politischer Klugheit

1. Klugheit im Konflikt

In den letzten Jahren wird bei der politischen Gestaltung gesellschaftlicher Krisen – von der Finanz- über die Klima- bis zur Corona-Krise – vermehrt um das Verhältnis von Politik und Wissenschaft gerungen. In meinen Überlegungen möchte ich diese Auseinandersetzungen in ihren politischen Tiefendimensionen ausleuchten und sie als Konflikt über die Ausgestaltung politischer Klugheit darstellen.

Mit seiner Referenz an den Appell »Follow the science« rückt der vorliegende Sammelband den Typus politischer Rationalität ins Zentrum, der sich aktuell durchzusetzen scheint: die szientistische Politik, die politische Entscheidungen aus wissenschaftlichen Evidenzen »ableitet« und so die traditionelle Situationsabhängigkeit politischer Klugheit überwinden will. Die Dominanz der szientistischen Politik zeigt sich unter anderem daran, dass politische Konflikte mit großer öffentlicher Aufmerksamkeit die Gestalt von wissenschaftlichen Konflikten annehmen (vgl. Bogner 2021: 18–36). »Klima-Leugner:innen« begründen ihre politischen Positionen genauso mit wissenschaftlicher Expertise wie »Klima-Aktivist:innen«, »Querdenker:innen« genauso wie die Vertreter:innen der Corona-Regierungspolitik. Sie unterscheiden sich primär in den wissenschaftlichen Quellen, auf die sie sich berufen: entweder auf den wissenschaftlichen »Mainstream« oder auf Randpositionen. Die eigentliche Gegenposition in politischer Klugheit, die immer häufiger zurückgedrängt zu werden scheint, finde ich in der pluralistischen Öffentlichkeit. Wenn die Sphäre der Öffentlichkeit agonal ausgestaltet wird, kann miteinander eine pluralistische Gestalt politischer Klugheit ausgeübt werden. Dabei wird der metaphysische Dissens in Fragen der Weltanschauung und des guten Lebens zur Quelle eines gelingenden Beurteilens von und gelingenden Handelns in aktuellen Lebenssituationen.

In diesem Text möchte ich die konfligierenden Klugheitspositionen ins Bewusstsein heben und kritisch diskutieren. Dabei spreche ich nicht nur über die aktuellen Klugheitskonflikte, sondern auch in ebendiese Auseinandersetzungen hinein. Mit meinen philosophischen Überlegungen möchte ich zu gesamtgesellschaftlichen Lernprozessen in politischer Klugheit anregen. Im Unterschied zur theoretisch-wissenschaftlichen Rationalität ist der genuin praktische situative Vernunftgebrauch der Klugheit nämlich steigerungsfähig. Ich möchte einen philosophischen Beitrag dazu leisten, dass künftige Krisenpolitik im Verhältnis zur aktuellen Corona-Politik klüger wird.

Um gesellschaftliche Lernprozesse in politischer Klugheit anzustoßen, lege ich den vorliegenden Aufsatz seinerseits als einen philosophischen Lernprozess an. Ich stelle keine allgemeingültige Theorie politischer Klugheit vor, die es dann politisch »nur noch« umzusetzen gelte. Vielmehr eröffne ich einen internen Selbstverständigungsprozess über die Formen politischer Klugheit, die uns in den aktuell konfligierenden Krisenpolitiken begegnen. Dabei greife ich in methodischer Hinsicht auf die Instrumente der immanenten Kritik und der affirmativen Genealogie zurück, die in den philosophischen Traditionen der kritischen Theorie (vgl. Jaeggi 2014: 261–320) beziehungsweise der Phänomenologie und des Pragmatismus entwickelt worden sind (vgl. Joas 2015: 147–203). Im ersten Teil meines Aufsatzes kritisiere ich die szientistisch-zweckrationale Klugheit mit Bezug auf ihre immanenten Selbstwidersprüche. In seinem zweiten Teil hebe ich die pluralistische Klugheit ins Bewusstsein, die im politischen Pluralismus ausgeübt wird, und zeige ihre Überlegenheit gegenüber der szientistisch-zweckrationalen Klugheit. Im Lichte der prudentiellen Überlegenheit der pluralistischen gegenüber der szientistisch-zweckrationalen Klugheit werde ich am Ende meines Aufsatzes den gesellschaftlich anstehenden Lernschritt in politischer Klugheit skizzieren: die szientistische Krisenpolitik, die an Dominanz gewonnen hat, pluralistisch zu erneuern.

2. Die immanenten Widersprüche der szientistischen Klugheit

In den inneren Krisen der szientistischen Krisenpolitik treten die Widersprüche der neuzeitlichen Ausgestaltung von politischer Klugheit als zweckrationales Kalkül in Erscheinung. Mit dieser These verbinde ich zwei Unterthesen, die ich im Folgenden näher erläutern werde. Zunächst trete ich dafür ein, dass die szientistische Krisenpolitik der Gegenwart – im Widerspruch zu ihrem theoretizistischen Selbstverständnis – eine bestimmte Gestalt politischer Klugheit und damit eines genuin praktischen Vernunftgebrauchs darstellt: nämlich eine zeitgenössische Form des neuzeitlich-zweckrationalen Kalküls. Im Anschluss daran zeige ich, dass die szientistische Krisenpolitik ihrerseits krisenhaft ist und dass sich an den inneren Krisen der szientistischen Krisenpolitik die inneren Widersprüche der zweckrationalen Ausgestaltung von politischer Klugheit ablesen lassen.

2.1. Szientistische Krisenpolitik als zeitgenössische Form des zweckrationalen Kalküls

Wenn ich die szientistische Krisenpolitik als eine zeitgenössische Form der zweckrationalen Klugheit der Neuzeit deute, dann widersetze ich mich dem Selbstverständnis dieses Politikstils.

Unter der szientistischen Politik, die in den aktuellen Konflikten über die Ausgestaltung politischer Klugheit Vorrang gewinnt, verstehe ich eine szientistisch-technokratische Spielart evidenzbasierter Politik. Dass Politik »evidenzbasiert« ist, meint zunächst nur, dass in politischen Analysen und Entscheidungen wissenschaftliche Expertise berücksichtigt wird. Damit wird dem globalen Ausmaß aktueller Krisen, den ökonomischen, rechtlichen und politischen Verflechtungen, den wissenschaftlichen Analysemöglichkeiten und den weitreichenden Konsequenzen technikbasierter Handlungsoptionen Rechnung getragen. Bei den zurate gezogenen wissenschaftlichen Evidenzen handelt es sich um Evaluierungen, in denen rückblickend die Wirkungen aus politischen Entscheidungen erfasst werden sollen; um Gutachten über – rechtliche, soziokulturelle, ökonomische – Anforderungen an die Realisierung aktueller Handlungsoptionen; sowie um Prognosen, in denen vorausblickend Wirkungen aus aktuellen Handlungsoptionen modelliert werden sollen.

Szientistische Politik zeichnet sich gegenüber anderen Formen der politischen Berücksichtigung von wissenschaftlicher Expertise durch ihren Anspruch aus, die *einzig richtigen* politischen Entscheidungen aus empirischen Modellierungen *abzuleiten*. So hat etwa die deutsche Bundeskanzlerin in der Corona-Krise die Alternativlosigkeit von politischen Maßnahmen der Pandemiebekämpfung – von Kontaktbeschränkungen bis Schulschließungen – mit Verweis auf wissenschaftliche Prognosen über den künftigen Pandemieverlauf und die Belastungen des Gesundheitssektors begründet. Die Radikalität szientistischer Politik besteht darin, politische Rationalität nach dem Vorbild der empirischen Wissenschaften grundlegend umzugestalten: politische Klugheit als genuin situationsbezogenen, praktischen Vernunftgebrauch zu einem streng regelgeleiteten, theoretischen Vernunftgebrauch zu transformieren. Sie reiht sich darin in eine breitere Entwicklung der Moderne ein, immer weitere Lebensbereiche, die traditionell von Formen praktischen Wissens bestimmt waren, der Anleitung durch theoretisches Wissen zu unterstellen (vgl. Kersting 2005: 10).

In ihrer theoretisch-wissenschaftlichen Selbstdeutung missversteht sich die szientistische Politik selbst. Wenn die Richtigkeit von politischen Maßnahmen zur Bewältigung gesellschaftlicher Krisen aus wissenschaftlichen Prognosen »abgeleitet« werden soll, dann wird deren Abstraktheit unterschätzt. In phänomenologischer Forschung wird seit Langem darauf hingewiesen, dass empirisches Faktenwissen – wie die Prognosen einer zukünftigen Erhöhung der Erderwärmung oder der Zunahme von Ansteckungen – in komplexen Forschungsverfahren erstellt wird. In diesen Verfahren gewinnen die Wissenschaftler:innen eine mathematisch-mechanistische Betrachtungsweise jenseits ihrer sozio-kulturellen Perspektiven und Wertbindungen. Dieser Distanz von den geschichtlichen Bindungen verdankt sich die Allgemeingültigkeit der wissenschaftlichen Erkenntnisse. Zugleich geben die so gewonnenen Evidenzen dem politischen Handeln allerdings keine Orientierung; sie »sprechen« nicht »für sich«. So folgt etwa aus der Prognose, dass bestimmte Maßnahmen effizient zur Eindämmung der Corona-Pandemie betragen können, nicht, dass diese Maßnahmen auch angewandt werden sollen.

Wenn bestimmte politische Entscheidungen angesichts von wissenschaftlichen Prognosen als alternativlos behauptet werden, dann wird nicht nur die Distanz von den geschichtlichen Handlungssituationen abgeblendet, die die Allgemeingültigkeit der wissenschaftlichen Evidenzen sichert. Vielmehr wird in solchen »Ableitungen« eine Vielzahl von normativen Annahmen über gelingendes politisches Handeln in Anspruch genommen. Zunächst wird der oberste Zweck vorausgesetzt, auf den die szientistische Krisenpolitik meist noch explizit rekurriert: die Stabilisierung des Finanz-, Erd- beziehungsweise Gesundheitssystems während der Finanz-, Klima- beziehungsweise Corona-Krise. Wenn aus empirischen Modellierungen die Notwendigkeit bestimmter Handlungsoptionen »abgeleitet« werden soll, um Stabilität zu erreichen, dann werden noch weitere Annahmen in Anspruch genommen, die nicht mehr explizit gemacht werden: ökonomische und gesellschaftliche Interessen, Werturteile über die Schutzansprüche unterschiedlicher Bevölkerungsgruppen, Urteile über den Wert und die Relevanz von sozio-kulturellen Praktiken für den Erhalt des gesellschaftlichen Lebens sowie pragmatische Urteile über die Durchsetzbarkeit und den richtigen Zeitpunkt der avisierten Maßnahmen. Nur wenn unter der Hand entschieden ist, welche Interessen gewahrt, wer in besonderem Maße geschützt beziehungsweise in die Pflicht genommen wird, wann gehandelt werden soll, können mit Bezug auf ihre prognostizierten Effekte konkrete politische Maßnahmen als »alternativlos« behauptet werden.

Das Selbstmissverständnis der szientistischen Krisenpolitik speist sich folglich aus der Unterschätzung der eigenen lebensweltlichen Voraussetzungen. Trotz des enormen Wissensschatzes, auf den dieser Politikstil zugreifen kann, zehrt er in den »Ableitungen« seiner Entscheidungen von lebensweltlichen Annahmen. Auch die szientistische Politik muss inmitten von konkreten Handlungssituationen entscheiden und wird neben den wissenschaftlichen Modellierungen – mit denen sie ihre politischen Entscheidungen begründet – von weiteren Erwägungen beeinflusst, die sich oft nicht mathematisieren lassen. Als lebensweltlich positionierter und situativ orientierter Gebrauch von Vernunft formt auch die szientistische Krisenpolitik eine Gestalt politischer Klugheit: eine Form des Abwägens unterschiedlicher Aspekte der politischen Gestaltung konkreter Lebenssituationen inmitten ebendieser Situationen.

Im historischen Rückblick stellt sich die szientistische Krisenpolitik als eine zeitgenössische Form des zweckrationalen Kalküls dar, zu dem politische Klugheit in der Neuzeit ausgebildet wurde. In der politischen Theorie der frühen Neuzeit wurde politische

Zweckrationalität in Abgrenzung von der Anwendung eines allgemeingültigen Moralsystems extrapoliert (vgl. Luckner 2005: 122 ff.). Die erste Theorie zweckrationaler Klugheit findet sich in Niccolò Machiavellis *Fürst*. In dieser Schrift bricht Machiavelli mit einer Annahme, auf der die mittelalterlichen »Fürstenspiegel« – in moralisierender Umdeutung der antiken Klugheitstradition – basierten: dass gute Politik von guten Menschen und zwar genauer von solchen Menschen gemacht werde, die nach den allgemeingültigen Maßstäben der Moral gut seien (vgl. insb. Machiavelli 2009: 89 f.; 98–101). Machiavelli verteidigt politische Klugheit gegen ihre Unterordnung unter einen moralischen Universalismus: politische Klugheit sei ein Vernunftgebrauch sui generis. In formaler Hinsicht unterscheide sich politische Klugheit als situativ verortete Rationalität vom überzeitlichen Regelwissen der Moral. Klug sei politisches Handeln nicht, indem allgemeingültige Prinzipien auf einzelne Handlungssituationen angewandt werden, sondern vielmehr, indem unterschiedliche Gesichtspunkte des Handelns in der konkreten Situation berücksichtigt und gegeneinander abgewogen werden. Dabei gelte es nach dem Vorbild der empirischen Wissenschaften jenseits von sozio-kulturellen Wertbindungen auf nüchtern-werturteilsfreie Analysen der Handlungssituation zurückzugreifen. Inhaltlich bemesse sich kluges politisches Handeln am Erhalt politischer Herrschaft. Politische Klugheit stellt sich damit als ein geschicktes Agieren in Situationen dar, das politische Herrschaft zu sichern vermag und dabei auf nüchtern-wertneutrale Analyse der Handlungssituationen zurückgreift. In Thomas Hobbes' *Leviathan* erfährt Machiavellis zweckrationale Klugheit des Fürsten, dem es um den Erhalt seiner Herrschaft geht, eine anthropologische Verallgemeinerung: die zweckrationale Klugheit zum Selbsterhalt, die alle Menschen teilen (vgl. insb. Hobbes 1984: 99 ff.). Über Hobbes vermittelt wird das geschickte Sichern des Überlebens beziehungsweise der bestehenden Herrschaftsordnung mit Hilfe von wertneutralen Analysen in den folgenden Jahrhunderten zum Inbegriff politischer Klugheit (vgl. Kersting 2005: 9).

Die szientistische Krisenpolitik steht nicht nur in ihren Zweckbindungen in der Tradition des zweckrationalen Kalküls der Neuzeit: indem in den gegenwärtigen Krisen der Schutz des Überlebens vor der Virus-Pandemie, die Stabilisierung der Klimaprozesse angesichts der Kohlendioxid-Emissionen oder die Sicherung der ökonomischen Wettbewerbsordnung angesichts der Turbulenzen auf den Finanzmärkten zu den obersten politischen Zwecken erhoben werden. Sie beerbt das neuzeitliche Ideal politischer Klugheit auch in seinen Ansprüchen auf Wertneutralität der Analyse und Effizienz der Gestaltung: nach dem Vorbild der empirischen Wissenschaften die Handlungssituation jenseits von sozio-kulturellen Wertbindungen nüchtern zu analysieren und die situativ gebotenen Entscheidungen mit Hilfe von effizienten Mitteln geschickt umzusetzen. Dabei nimmt es nicht wunder, dass KI-basierte Modellierungen zum zentralen Analyseinstrument der klugen Krisenpolitik aufgestiegen sind. Sie entsprechen nicht nur den Ansprüchen auf Effizienz bei der Lösung politischer Handlungsprobleme, indem sie bisher ungeahnte prognostische Möglichkeiten eröffnen; ihre mathematisch-mechanistische Perspektive bedient auch die neuzeitlichen Ansprüche auf Wertneutralität beim Beurteilen aktueller Handlungssituationen.

2.2. Die immanenten Widersprüche zweckrationaler Klugheit in den Krisen der szientistischen Politik

An den inneren Krisen der szientistischen Krisenpolitik lassen sich die Widersprüche ablesen, in die sich politische Klugheit verstrickt, wenn sie – in neuzeitlicher Tradition – als zweckrationales Kalkül ausgeübt wird. Die szientistische Politik formt in ihren – oben skizzierten – Selbstmissverständnissen nämlich keine bloße Schwundstufe neuzeitlicher Zweckrationalität. Indem sie deren

Ansprüche auf Wertneutralität und Effizienz in nie dagewesener Weise umsetzt, stellt sie sich vielmehr als konsequente zeitgenössische Weiterentwicklung der neuzeitlichen Klugheitstradition dar.

Krisenhaft sind zunächst die Analysen der konkreten Handlungssituationen, die die szientistische Politik erreicht. Indem die Modellierungen der empirischen Wissenschaften im Rahmen der szientistischen Politik zum autoritativen Wissen über die aktuellen gesellschaftlichen Krisen erklärt werden, generieren sie die oben skizzierten Rationalitätsdefizite: die Perspektivität der mathematisch-mechanistischen Methode wird abgeblendet; das Detailwissen der empirischen Forschung wird für objektive Erkenntnisse der gesellschaftlichen Krisensituation selbst genommen; alternative Perspektiven auf aktuelle Handlungssituationen werden aus der Analyse ausgeschlossen und die sozio-kulturellen Wertbindungen, die bei den »Ableitungen« von politischen Entscheidungen aus den wissenschaftlichen Modellierungen in Anspruch genommen werden, werden nicht kritisch überprüft. Die Analysen der szientistischen Politik werden folglich irrational, indem sie eigene Blindheiten generieren – nämlich: nicht-quantifizierbare Gefährdungen des politischen Gemeinwesens genauso übersehen wie problematische Konsequenzen des eigenen politischen Handelns. Zugleich lässt die Selbstfestlegung der szientistischen Politik auf Wertneutralität keine einfachen Erweiterungen der Analyse zu – wird im verstehenden Erkennen der Geisteswissenschaften doch ein anderer Umgang mit den lebensweltlichen Wertbindungen gepflegt.

Krisenhaft ist darüber hinaus auch das politische Handeln der szientistischen Krisenpolitik. Mit ihrer Konstruktion von Alternativlosigkeiten im politischen Handeln ist sie in demokratischer Hinsicht defizitär: sie verschärft gesellschaftliche Spaltungen – und damit die Krisen des demokratischen Pluralismus (vgl. Bogner 2021: 41–51). Zum einen trägt sie zu einem weiteren Ausschluss der akademisch nicht gebildeten Teile der Bevölkerung von der

Teilhabe an den demokratischen Verfahren bei, indem sie wissenschaftliche Expertise zur Voraussetzung von politischer Teilhabe macht. Zum anderen verschließt sie Spielräume für pluralistische politische Debatten. Durch ihre Konstruktion von Alternativlosigkeiten im Entscheiden entpolitisiert sie die öffentlichen Debatten von Auseinandersetzungen über politische Fragen des guten Zusammenlebens zu szientistisch-technokratischen Auseinandersetzungen über die maßgebliche wissenschaftliche Expertise und eine effiziente Umsetzung des wissenschaftlich Geforderten. Solche Entpolitisierung nährt gesellschaftliche Spaltungen, indem sie die Möglichkeiten beschneidet, in den öffentlichen Debatten unterschiedliche politische Haltungen zu den vorhandenen wissenschaftlichen Evidenzen auszubilden.

An diesen Krisen der Analysen und des politischen Handelns treten die immanenten Widersprüche der neuzeitlichen Tradition zweckrationaler Klugheit hervor. Das politische Stabilitätsstreben und die Haltung der Werturteilsfreiheit werden in sich widersprüchlich, indem sie im zweckrationalen Kalkül verschränkt werden. An den Rationalitätskrisen der szientistischen Analysen zeigt sich: Die wertneutralen Erkenntnispraktiken der empirischen Wissenschaften verkehren sich in Ideologie, wenn sie als normatives Fundament politischen Handelns genutzt werden. Wenn von den wissenschaftlichen Modellierungen konkrete politische Handlungsempfehlungen »abgeleitet« werden, ändert sich ihr Status im Leben: Von einem Analyseinstrument werden sie zu einem Instrument politischer Selbstvergewisserung. Sie tragen nicht mehr dazu bei, die aktuelle Handlungssituationen in ihrer Vielschichtigkeit zu analysieren; vielmehr verstellen sie gerade Möglichkeiten der Deutung. Parallel dazu zeigt sich an den Krisen des zweckrationalen Handelns: politische Strategien zur Sicherung des Gemeinwesens verkehren sich in Quellen politischer Destabilisierung von Demokratien, wenn sie – im Rückgriff auf wissenschaftliche Evidenzen – als alternativlos behauptet werden.

3. Die Überlegenheit der pluralistischen gegenüber der szientistisch-zweckrationalen Klugheit

Im zweiten Teil meines Aufsatzes werde ich mich der Form politischer Klugheit zuwenden, die in der pluralistischen Öffentlichkeit ausgeübt werden kann, und ihre prudentielle Überlegenheit über die szientistisch-zweckrationale Klugheit skizzieren. Um solch einen Vergleich leisten zu können, bedarf es geteilter Maßstäbe. Aus diesem Grund werde ich im jetzigen Abschnitt zunächst einen Schritt hinter die neuzeitliche Klugheitskultur zurücktreten, um auf die antike Klugheitskultur und auf die Schwierigkeiten zu blicken, von denen sie zu Beginn der Neuzeit eingeholt wurde – und die die zweckrationale und die pluralistische Klugheit auf unterschiedliche Weise beantworten.

3.1. Historischer Rückblick: Der fehlende metaphysische Konsens als geschichtliche Herausforderung an moderne Klugheitskulturen

Die paradigmatische Theorie antiker Klugheit findet sich in der *Nikomachischen Ethik* des Aristoteles. Im Unterschied zur neuzeitlichen Gegenüberstellung allgemeingültiger Moral und zweckrationalem Kalkül arbeitet Aristoteles mit einer drei-gliedrigen Unterscheidung. Von der Weisheit – als dem Wissen allgemeingültiger Gesetze wie dem allgemeingültigen Moralgesetz – unterscheidet er zwei Formen genuin praktischer Rationalität. Beide werden im Bereich der veränderlichen, menschlichen Dinge ausgeübt und sind in der Neuzeit unter dem Oberbegriff der »Klugheit« *(prudentia)* zusammengezogen: die technische Rationalität des wertneutralen Herstellungswissens *(techné)*, gesetzte Zwecke »geschickt« zu verfolgen (vgl. NE 1140a 5ff.; 1144a); und davon unterschieden: die wertbezogene Klugheit *(phronésis)*, die das Handeln gelingen lässt (vgl. NE 1140a 24ff.). Im Rückblick auf diese Aristotelische Begriffskartierung lässt sich politische

Klugheit als Vernunftgebrauch sui generis vom zweckrationalen Kalkül abheben – und damit eine Bresche schlagen zwischen die neuzeitlichen Alternativen von politischer Zweckrationalität und moralischem Universalismus.

Um zwischen technisch-instrumentellem Herstellungswissen und praktischer Klugheit zu differenzieren, greift Aristoteles auf den Unterschied im Tätig-Sein zwischen Herstellen *(poiésis)* und Handeln *(praxis)* zurück. Herstellen und Handeln stehen nach Aristoteles in verschiedenem Verhältnis zu ihren Zwecken. Unter Herstellen versteht Aristoteles ein Tätig-Sein, das seine Zwecke außerhalb seiner hat: in seinen Resultaten (vgl. NE 1140b 7). Als Beispiele von Herstellen lässt sich an das Bauen eines Hauses oder an das Herstellen von Sicherheit in einer Virus-Pandemie denken. Handeln bezeichnet nach Aristoteles demgegenüber ein Tätig-Sein, das seine Zwecke in sich hat (vgl. NE 1140b 8). Als Beispiele von Handeln ist an Spazierengehen, Spielen, vor allem aber an politische Gesetzgebung zu denken (vgl. NE 1094b 1ff.). In der Gesetzgebung werden die Dinge geordnet, die alle angehen. Sie ist nach Aristoteles der Inbegriff selbstzweckhaften Handelns, da sie die politische Ordnung nicht als Produkt herstellt, sondern das Ordnen der menschlichen Angelegenheiten vielmehr *in actu* ausübt. Die Verhältnisse zu ihren Zwecken haben nach Aristoteles Konsequenzen für das Gelingen des Herstellens beziehungsweise Handelns. Gelingendes Herstellen ist nach Aristoteles erfolgreiches Herstellen. Es bemisst sich an seinen Produkten: der Funktionalität und Formschönheit des Hauses, der Eindämmung des Virusgeschehens. Gelingendes Handeln meint demgegenüber ein gut verfasstes Handeln *(eupraxia)*. Es bemisst sich daran, dass das Handeln so ist, wie es sein soll – und nicht durch Charakter- oder Rationalitätsdefizite der Handelnden behindert wird. Politische Gesetzgebung gelingt, wenn sie nicht durch die Defizite politischer Funktionsträger:innen korrumpiert wird, sondern wenn in ihr das Ordnen der menschlichen Dinge gut ausgeübt wird.

Auf der Basis dieser Begriffskartierung erreicht Aristoteles ein differenziertes Verständnis der beiden Formen situativen Vernunftgebrauchs, das die neuzeitlichen Klugheitstheoretiker:innen eingeebnet haben. Er unterscheidet zwischen den Formen des Vernunftgebrauchs, die das Herstellen beziehungsweise das Handeln gelingen lassen. Die zweckrationale Rationalität des Herstellungswissens *(techné)* ersinnt und nutzt Mittel, um die angestrebten Zwecke effizient zu erreichen. Zu diesen Mitteln können auch Tätigkeiten gehören; zum Beispiel die Tätigkeit des Kontaktverfolgens, um eine Virusepidemie erfolgreich einzudämmen. Im Unterschied zu dieser technisch-wertneutralen Zweckrationalität ist die Klugheit *(phronésis)* Handlungswissen: das Wissen, wie gut zu handeln, beziehungsweise so zu handeln ist, dass das Handeln selbst in guter Verfassung ist *(eupraxia;* NE 1140b 8). Die besondere Gestalt der politischen Klugheit *(politiké)* ist das Wissen, wie das Gesetzgeben als Praxis gelingt (vgl. NE 1141b 21 ff.).

Klugheit lässt das Handeln nach Aristoteles gelingen, indem sie die Fähigkeit darstellt, beim Handeln inmitten konkreter Lebenssituationen die »ersten Prinzipien« (NE 1095b 8) des guten Lebens zu aktualisieren. Dabei darf die kluge Aktualisierung des Guten bei Aristoteles nicht mit der »Anwendung« allgemeingültiger Moralprinzipien auf die konkrete Handlungssituation kurzgeschlossen werden – von der die neuzeitlichen Klugheitstheoretiker die situationsbezogene Klugheit zurecht abgrenzen. Während bei der Anwendung von allgemeinen Prinzipien auf eine konkrete Handlungssituation die besonderen Merkmale ebendieser Situation abgeblendet werden, unterstreicht Aristoteles gerade, dass »die Klugheit nicht nur mit dem Allgemeinen zu tun [hat], vielmehr muss sie auch das Einzelne erkennen« (NE 1141b 14 f.). Klugheit zur Aktualisierung des Guten formt bei Aristoteles die besondere Fähigkeit, inmitten von konkreten Lebenssituationen *Formen* des Handelns zu finden, in denen das gute Leben konkrete Gestalt gewinnt – ohne dass die Formen des

Handelns in den Prinzipien des Guten bereits mitgegeben wären. Und politische Klugheit im Besonderen macht die Fähigkeit aus, die menschlichen Angelegenheiten so zu ordnen, dass in der politischen Gemeinschaft ein gutes menschliches Miteinander konkrete Gestalt gewinnt.

Damit wird ersichtlich, dass sich die attische Klugheit, dem guten Leben im Handeln konkrete Gestalt zu verleihen, grundlegend von der zweckrationalen Geschicklichkeit der Neuzeit unterscheidet, das Überleben beziehungsweise den Erhalt der Herrschaftsordnung effizient zu sichern. In ihrer Selbstzweckhaftigkeit entgeht die antike Klugheit, gut zu handeln, den inneren Widersprüchen der neuzeitlichen Zweckrationalität, die an den inneren Krisen der szientistischen Klugheitspolitik in Erscheinung treten: in der Entfremdung zwischen den Vollzügen und den Zwecken des politischen Tätig-Seins, Stabilität mit – vorgeblich alternativlosen – Strategien zu verfolgen, die ihr Erreichen gerade unterminieren können, indem sie etwa zu einer weiteren Polarisierung der Gesellschaft führen.

Zugleich lassen sich nun allerdings auch die Herausforderungen an das Verständnis und die Kultur politischer Klugheit absehen, die sich seit Beginn der Neuzeit stellen. Im Zuge der sich konsolidierenden mathematisch-mechanistischen Wissenschaften und der konfessionellen Konflikte hat sich eine neuartige Herausforderung an die Klugheitskultur entwickelt, die für Aristoteles nicht absehbar war. Der metaphysische Konsens in den grundlegenden Fragen menschlichen Lebens, den Aristoteles noch vorausgesetzt hat, ist aufgebrochen: was das Leben als genuin menschliches Leben auszeichnet, worum es im menschlichen Leben »geht«, was ein menschliches Leben zu einem guten Leben macht. Nur unter Voraussetzung solch eines Konsenses konnte Klugheit in der Antike als die »Disposition des Handelns« verstanden und ausgeübt werden, »die sich auf das bezieht, was für den Menschen gut oder schlecht ist« (NE 1140b 5 ff.), und die den allgemeinen Prinzipien guten Mensch-Seins in den Einzelsituationen des Lebens konkrete Gestalt verleiht. Die sozio-kulturellen Umbrüche zu Beginn der Neuzeit konfrontieren die Kultur politischer Klugheit mit neuartigen Anforderungen: im klugen Handeln kann es nun nicht mehr allein darum gehen, die Formen aufzusuchen, in denen politisches Handeln situativ als genuin menschliches Handeln gelingt; vielmehr müssen zusammen mit den Formen zuallererst die Prinzipien aufgefunden werden, die situativ im Handeln zu berücksichtigen sind (vgl. Luckner 2005: 126).

Im Lichte dieser neuartigen Anforderungen wird zum einen verständlich, dass die zweckrational-kalkulierende Klugheit der Neuzeit keinen bloßen Niedergang der antiken Klugheitskultur markiert. Das neuzeitliche Kalkül lässt sich vielmehr als Antwort auf den fehlenden metaphysischen Konsens verstehen: sich nach dem Vorbild der neuzeitlichen Wissenschaften aus der Sphäre der umkämpften Werterkenntnis zurückzuziehen, um sich beim Aufsuchen der handlungsanleitenden Prinzipien an der Stabilisierung der bestehenden Herrschaftsordnung zu orientieren und dabei wertneutrale Analysen der aktuellen Lebenssituation zu Rate zu ziehen. Der Preis, den diese neuzeitliche Anpassung der politischen Klugheit an die technische Geschicklichkeit fordert, tritt in den aktuellen Krisen der szientistischen Krisenpolitik freilich überdeutlich zutage. Zum anderen ist mit den neuartigen Anforderungen an die politische Klugheitskultur die theoretische Perspektive erreicht, in der sich die szientistische Politik und der politische Pluralismus vergleichen lassen.

3.2. Der politische Pluralismus als moderne Klugheitskultur
Unter dem politischen Pluralismus verstehe ich eine multiperspektivische Gestaltung des öffentlichen Raumes. Im Folgenden werde ich die politische Klugheit aufzeigen, die im politischen Pluralismus ausgeübt wird. Ich werde sie als pluralistische

Antwort auf die neuzeitlichen Herausforderungen an politische Klugheit deuten, die den Unterschied zum technischen Herstellungswissen wahrt – und darin der szientistisch-zweckrationalen Klugheit überlegen ist.

In prudentieller Hinsicht besteht die Pointe des politischen Pluralismus darin, angesichts des fehlenden metaphysischen Konsenses nicht hinter die bestehenden Wertkonflikte – in die Sphären wertneutraler Analyse und zweckrationalen Handelns – zurückzutreten, sondern die metaphysischen Konflikte bewusst als Quelle klugen Urteilens und Handelns zu übernehmen. Bei meiner folgenden Reflexion der politischen Klugheit, die in der Tradition des politischen Pluralismus kultiviert wird, werde ich insbesondere auf phänomenologische Studien von Hannah Arendt zurückgreifen. Obgleich Arendt den Begriff der Klugheit kaum verwendet und begrifflich auch nicht zwischen unterschiedlichen Gestalten von Klugheit unterscheidet, ist eine pluralistische Auffassung von politischer Klugheit der Sache nach in ihren Theorien des Handelns und des Urteilens präsent.

Wenn der Dissens über das gute Leben im Pluralismus als Quelle politischer Klugheit bejaht wird, dann wird er nicht als ein anthropologisches Faktum aufgefasst: als der bloße Umstand, dass die menschliche Gattung in einer Vielzahl von Einzelwesen da ist. Die plurale Multiperspektivität wird vielmehr als sozio-kulturelle Errungenschaft verstanden und ausgeübt: als eine politische Kultur der Öffentlichkeit, in der die Miteinander-Sprechenden und -Handelnden als besondere Personen mit individueller Perspektive auf die geteilten Dinge in Erscheinung treten können (vgl. Arendt 1981: 224 ff.; Loidoldt 2018: 2). In den empirischen Ausgestaltungen des öffentlichen Raums wird freilich nicht immer klug gehandelt und geurteilt. Insbesondere die Verabsolutierung bestimmter Deutungsperspektiven kann zusammen mit den Möglichkeiten des Urteilens und Handelns auch deren kluge Betätigung beschneiden. Im Weiterdenken von Arendts politischer

Theorie kann man das öffentlich geteilte Urteilen und Handeln jedoch dann in einem pluralistischen Sinne als klug verstehen, wenn in ihm die agonale Vielperspektivität aktiv als Quelle gelingenden Urteilens und Handelns gefördert wird (vgl. Mouffe 2014).

Als Disposition des geteilten Handelns und Urteilens unterscheidet sich die pluralistische Klugheit bereits in ihren *Subjekten* grundlegend sowohl von der zweckrationalen Klugheit zur Stabilität als auch von der wertbezogenen Klugheit zum Guten. In der Tradition von Aristoteles bis Machiavelli fungieren einzelne große Politiker – wie Perikles (vgl. NE 1140b 8) beziehungsweise Machiavellis Fürsten – als Subjekte politischer Klugheit; in der szientistischen Krisenpolitik der Gegenwart sind es anonyme entleiblichte Vernunftsubjekte. Demgegenüber lässt sich in Anschluss an Arendt verstehen, dass Klugheit in einem pluralistischen Verständnis eine Disposition aller ist, die in der pluralistischen Öffentlichkeit miteinander handeln (vgl. Arendt 1994: 205 ff.). Klugheit bezeichnet eine Disposition des geteilten Urteilens und Handelns, die die handelnden Personen nur in ihrer Verschiedenheit als »Freund-Feinde« (Derrida 2002: 492) erreichen können.

Geteiltes *Handeln*, das in einem pluralistischen Sinne klug ist, unterscheidet sich vom zweckrationalen Herstellen von Sicherheit nicht nur in seinen Subjekten, sondern auch in seiner Zweckhaftigkeit. Der fehlende Konsens über eine natürliche Bestimmung beziehungsweise einen natürlichen Zweck menschlichen Lebens wird im pluralistisch klugen Handeln nicht mit der Reduktion politischen Handelns auf Technik beantwortet. Vielmehr wird die Pluralität des menschlich Guten als Quelle genuin politischen Handelns eingesetzt. Dabei wird die plurale Multiperspektivität in der *agonalen Weise* des Behandelns konkreter Lebenssituationen unter politischen »Freund-Feinden« (ebd.) verwirklicht. Die politischen Bürger:innen handeln klug miteinander, indem sie einander freisetzen, sich als besondere Personen mit individuellen Perspektiven und Interessen in die politischen Verfahren einzubringen (vgl. Arendt 1981: 224 ff.). Diese partizipatorische Konkretisierung eines pluralistischen Miteinanders ist nicht durch einen verfassungsgebenden Akt, sondern vielmehr immer aufs Neue bei der Gestaltung aktueller Lebenssituationen zu erreichen. Dabei besteht ein wesentlicher Aspekt pluralistischer Klugheit in der Fähigkeit, alle Betroffenen in das öffentliche Behandeln der geteilten Dinge einzubinden. (Die gegenwärtige Zunahme an rechts-populistischen Bewegungen, die sich als Sprecher:innen der Ungehörten darstellen, muss als Symptom eines geteilten Handelns verstanden werden, das ebendiesen Anforderungen pluralistischer Klugheit nur in unzureichendem Maße genügt.)

Pluralistisch kluges Handeln ist in einem gegenüber der Antike erneuerten Sinne in sich zweckhaft. Als Aktualisierung metaphysischer Multiperspektivität gelingt das pluralistische Handeln nicht, indem es einer – hypostasierten – Bestimmung menschlicher Gemeinschaft entspricht. Menschliche Gemeinschaften sind nicht durch die menschliche Natur zum Pluralismus bestimmt. Pluralistisch kluges Miteinander-Handeln gelingt vielmehr *in actu*, ist in sich zweckhaft, indem es eine geteilte Praxis genuin politischer *Freiheit* bildet. Die klug Miteinander-Handelnden setzen einander in ihrem geteilten Behandeln konkreter Lebenssituationen nicht nur frei, sich als besondere Personen mit individueller Perspektive in das geteilte Handeln einzuklinken. In ihrem pluralistisch geteilten Handeln gewinnen sie vielmehr miteinander die politische Freiheit »Neues in Bewegung [zu] setzen« – wie Arendt schreibt (Arendt 1981: 215). Jenseits der Wiederholung tradierter Lebensformen werden sie frei, untereinander neue Lebensformen auszuprägen.

In politischer Klugheit wird kluges Handeln durch kluges *Urteilen* beziehungsweise kluges Beurteilen der konkreten Lebenssituation ermöglicht, in der es zu handeln gilt. Die politische Freiheit, im pluralistischen Handeln neue Anfänge zu machen, wird in pluralistischen Urteilen gebahnt. In einem pluralistischen Sinne klug können die Analysen aktueller Lebenssituationen sein, die in multiperspektivischen öffentlichen Debatten erreicht werden (vgl. Arendt 2012: 113.). Abermals wird der fehlende metaphysische Konsens in Weltanschauungsfragen ins Positive gewendet. Er wird nicht durch den – vergeblichen – Rückzug in die werturteilsfreie Sphäre der mathematisch-mechanistischen Deutungen von Wirklichkeit beantwortet. Vielmehr wird gerade in der *agonalen Anlage* der öffentlichen Debatten der Konflikt befördert und der Vielfalt unterschiedlicher Perspektiven auf die geteilten Dinge Gehör verschafft.

Zum Ziel hat die Pluralisierung der Analysen keine postmoderne »Demokratisierung des Wissens«: keinen postmodernen Relativismus, der mit jedem Anspruch auf Objektivität bricht, nur gleichberechtigte Meinungen kennt (vgl. Feyerabend 1980). Im politischen Pluralismus zielt die Beförderung des Konflikts vielmehr gerade auf die Ermöglichung von Objektivität: von Objektivität nicht im Sinne von Werturteilsfreiheit, sondern von Weltoffenheit. Dabei üben die pluralistischen Debatten – die politische »Freund-Feinde« (Derrida 2002: 492) in der Öffentlichkeit miteinander führen – zunächst eine kritische Funktion aus. Sie bilden ein intersubjektives Gefüge wechselseitiger Kritik und Irritation (vgl. Esser 2017: 987). Auf diese Weise können Widersprüche an sozialen Praktiken erfahrbar werden, die dazu zwingen, die eigenen Ideale und Leitbilder zu überdenken. Im Zuge solcher Kritik werden die Miteinander-Debattierenden zugleich frei zur Objektivität. Im öffentlichen Ringen um die richtige Deutung können sie miteinander an der konkreten Lebenssituation die zentralen Prinzipien auffinden, die sie bei ihren Analysen zu berücksichtigen haben. Sie können lernen, die konkrete Lebenssituation in ihren vielfältigen Aspekten zu verstehen und in ihren Besonderheiten von früheren Lebenssituationen zu unterscheiden. In ihren pluralen Auseinandersetzungen mit den geteilten Dingen durchlaufen sie eine Erneuerung ihrer »Denkungsarten«, die es ihnen *in praxi* ermöglicht, untereinander neue Formen des Umgehens mit sich selbst, den Anderen und der Welt auszubilden (vgl. Jaeggi 2014: 321–446).

Zusammenfassend lässt sich festhalten: im politischen Pluralismus wird eine – gegenüber dem zweckrationalen Kalkül – eigenständige alternative Gestalt politischer Klugheit ausgeübt, die das Fehlen eines metaphysischen Konsenses gerade ins Positive dreht. In prudentieller Hinsicht ist die pluralistische der zweckrationalen Klugheit überlegen – indem sie an der Eigenständigkeit politischer Klugheit gegenüber dem technischen Herstellungswissen festhält. In den pluralistischen Debatten kann eine moderne Form des objektiven – da weltoffenen – politischen Urteilens ausgeübt werden, das die Blindheiten der mechanistisch restringierten Analyse unterläuft; und zugleich kann im pluralistischen Handeln eine moderne Form selbstzweckhaften – da freien – politischen Handelns ausgeübt werden, das den Demokratiedefiziten des zweckrationalen Herstellens von Sicherheit entgeht.

4. Ausblick: Die pluralistische Erneuerung der szientistischen Krisenpolitik als Gebot politischer Klugheit

Blicken wir abschließend auf den Streit über eine rationale Krisenpolitik zurück, der in den gesellschaftlichen Krisen der letzten Jahre geführt wird. Mit meinen vorangegangenen Überlegungen möchte ich einen gesellschaftlichen Lernprozess in politischer Klugheit anregen, indem ich insbesondere drei Einsichten in die aktuellen Debatten einspeise: dass es sich bei politischer Rationalität von ihrem Status her um genuin praktische, situativ verankerte Klugheit handelt; dass die szientistisch-wertneutrale Zweckrationalität in sich widersprüchlich ist; und dass ihr der politische Pluralismus als Ausgestaltung politischer Klugheit überlegen ist. Diese Einsichten machen deutlich, dass die prudentiellen Defizite der szientistischen Politik in Spannung zu ihrer faktischen Dominanz stehen; und dass es ein Gebot politischer Klugheit wäre, ihre szientistische Ausgestaltung zu erneuern. Prudentiell geboten wäre, mit dem politischen Leitbild der Werturteilsfreiheit zu brechen, das sich in den Krisen der szientistischen Politik als ideologisch herausgestellt hat; und bei der politischen Analyse und Gestaltung gesellschaftlicher Krisen die evidenzbasierte Politik pluralistisch auszugestalten.

Die anstehenden pluralistischen Erneuerungen politischer Klugheit umfassen praktische und theoretische Aspekte – und werden in der Gegenwart von verschiedenen politischen Gruppierungen auf unterschiedliche Weise angegangen. In praktischer Hinsicht gilt es, die Reduktion von politischem Handeln auf eine bloße Umsetzung theoretisch konstruierter Alternativlosigkeiten zu überwinden; und in der Art der politischen Gestaltung von konkreten Lebenssituationen politisches Handeln als eigenständige Freiheitspraxis wiederzugewinnen: als ein pluralistisches Ringen um die Formen der Krisenbewältigung, den rechten Zeitpunkt und die Mittel ihrer Umsetzung. Angesichts des – durch die szientistische Krisenpolitik weiter verschärften – Ausschlusses breiter Bevölkerungsteile aus den politischen Verfahren gehört dazu auch die Ausbildung neuer Formen und Institutionen politischer Partizipation. Anstrengungen zu einer partizipatorischen Ergänzung des parlamentarischen Repräsentativsystems werden gegenwärtig in der Zivilgesellschaft unternommen: insbesondere in Gestalt von Bürger:innenräten, die im Zuge der Corona- und Klimakrise vielerorts auf kommunaler, Landes- und Bundesebene gegründet wurden (vgl. Mitscherlich-Schönherr 2021).

In theoretischer Hinsicht betreffen die anstehenden Erneuerungen den politischen Umgang mit wissenschaftlicher Expertise bei der Analyse aktueller Krisensituationen. Dabei ist ein Umgang mit wissenschaftlicher Expertise einzuüben, der – jenseits der ideologischen Festlegungen auf Wertneutralität – eine Kultur pluralistischer Klugheit fördert. Wissenschaftliche Expertise wird darin zum wichtigen Mittel, das ein öffentliches Ringen um unterschiedliche Optionen der Krisenbewältigung möglich macht – in dessen Verlauf neue Formen des Lebens mit Anderen in der Welt ausgebildet werden können. Empirisches Wissen wird dann nicht genutzt, um Alternativlosigkeiten der politischen Entscheidung zu konstruieren. Es wird vielmehr zurate gezogen, um scheinbare Notwendigkeiten in der Deutung und Behandlung aktueller Krisen kritisch aufzubrechen und alternative Deutungs- und Gestaltungsoptionen zu eröffnen. Um die blinden Flecken einer allein mathematisch-mechanistischen Deutung aufzuhellen, wird aktiv auch anderen Formen kultureller – geistes- und kulturwissenschaftlicher, künstlerischer, religiös-spiritueller – Selbstverständigung in den öffentlichen Auseinandersetzungen Gehör verschafft (vgl. Münkler 2020: 237–247).

Miteinander hätten wir in konsequenter pluralistischer Erneuerung der evidenzbasierten Krisenpolitik viel zu gewinnen: eine Wiederbelebung unserer Kultur politischer Freiheit. In der pluralen Auseinandersetzung mit den Herausforderungen aktueller Krisen könnten wir untereinander neue Formen des Miteinander-Lebens in der Welt ausbilden – anstatt uns im szientistischen Herstellen von Sicherheit von den mechanistisch gedeuteten Naturprozessen der Pandemie beziehungsweise der Klimakrise die Maßstäbe des geteilten Lebens vorgeben zu lassen.

Literatur

Arendt, Hannah: *Vita activa oder Vom tätigen Leben*. München 1981.
Arendt, Hannah: Freiheit und Politik. In: dies.: *Zwischen Vergangenheit und Zukunft*. München 1994, 201–226.
Arendt, Hannah: *Das Urteilen*. München 2012.
Aristoteles: *Nikomachische Ethik (NE)*. Übers. und hg. von Ursula Wolf. Hamburg 2006.
Bogner, Alexander: *Die Epistemisierung des Politischen. Wie die Macht des Wissens die Demokratie gefährdet*. Stuttgart 2021.

Derrida, Jacques: *Politik der Freundschaft*. Frankfurt 2002.

Esser, Andrea: Politische Urteilskraft – Zur Aktualität eines traditionellen Begriffs. In: *Deutsche Zeitschrift für Philosophie 2017*, 975–998.

Feyerabend, Paul: *Erkenntnis für freie Menschen*. Frankfurt 1980.

Hobbes, Thomas: *Leviathan*. Übers. von Walter Euchner, hg. von Iring Fetscher. Frankfurt 1984.

Jaeggi, Rahel: *Kritik von Lebensformen*. Berlin 2014.

Joas, Hans: *Die Sakralität der Person. Ein neue Genealogie der Menschenrechte*. Berlin 2015.

Kersting, Wolfgang: Einleitung: Rehabilitierung der Klugheit. In: ders. (Hg.): *Klugheit*. Weilerswist 2005.

Loidoldt, Sophie: *Phenomenology of Plurality. Hannah Arendt on Political Intersubjectivity*. New York 2019.

Luckner, Andreas: *Klugheit*. Berlin / New York 2005.

Machiavelli, Niccolò: *Der Fürst*. Übers. von August Wilhelm Rehberg. Darmstadt 2009.

Mouffe, Chantal: *Agonistik. Die Welt politisch denken*. Berlin 2014.

Mitscherlich-Schönherr, Olivia: Die Freiheit, die wir meinen. Bürger_innenräte könnten Demokratiedefizite durch Corona wettmachen. Die Politik muss sie jedoch erst noch entdecken. In: *Freitag* vom 9.9.2021, https://www.freitag.de/autoren/der-freitag/die-freiheit-die-wir-alle-meinen (Zugriff am 6.1.2022).

Münkler, Laura: *Expertokratie. Zwischen Herrschaft kraft Wissens und politischem Dezisionismus*. Tübingen 2020.

Sibylle Anderl
Das Modellzeitalter

Seit Beginn der Pandemie geistern absurde Vorhersagen durch die Medien. Oft daneben liegt eine Gruppe, von der die meisten Menschen vor Corona noch nie gehört hatten: die sogenannten Modellierer.

Jonas Herrmann, Neue Zürcher Zeitung, 8. Mai 2021

Am Anfang der Pandemie im Frühjahr 2020, als noch niemand wirklich wusste, was das neuartige Corona-Virus bringen würde, verbreitete sich schnell eine eingängige Parole: »Flatten the curve«, »flacht die Kurve ab«. Gemeint war die Kurve der Neuinfektionen mit Sars-CoV-2. Die Idee dahinter: Wenn man vermeiden will, dass das Gesundheitssystem durch zu viele akute Krankheitsfälle überlastet wird, muss die Ausbreitung des Virus verlangsamt und unter Kontrolle gebracht werden. Diese Strategie war nicht allein auf der Grundlage von gesundem Menschenverstand und Spekulationen entstanden. Zugrunde lagen vielmehr epidemiologische Modelle. Für viele Menschen war das Frühjahr 2020 vermutlich einer der ersten Zeitpunkte, in denen sie bewusst mit solchen wissenschaftlichen Berechnungen konfrontiert wurden.

Im Zuge dessen sorgte im März 2020 ein Report von britischen Forscher:innen um Neil Ferguson vom Imperial College für Aufsehen. Darin waren wurden verschiedene epidemische Szenarios diskutiert: Zum einen die erwähnte Strategie der abzuflachenden Infektionskurve, zum anderen die Strategie einer Eindämmung des Infektionsgeschehens, also die Herbeiführung abfallender Kurven durch entsprechende Maßnahmen und die anschließende Beibehaltung geringer Fallzahlen. Auf der Grundlage der Berechnungen sprachen sich die Wissenschaftler:innen für letztere Strategie aus. Wenn die Virusausbreitung nur abgeschwächt und nicht abgebremst werde, könne das eine Überlastung der Krankenhäuser nicht verhindern. Anders ausgedrückt: Die Strategie, den Rückgang der Fallzahlen auf »natürlichem Wege« dadurch zu gewährleisten, dass die Bevölkerung nach und nach durch Infektionen eine natürliche Immunität aufbaut, werde nicht funktionieren. Der Rückgang der Fallzahlen müsse stattdessen durch Maßnahmen herbeigeführt werden.

Ihr Fazit beruhte auf detaillierten Berechnungen mithilfe eines Modells, das ursprünglich entwickelt worden war, um Strategien für die Eindämmung einer möglichen Influenza-Pandemie in Südostasien zu prüfen. Das Modell war überaus reich an Details: die Bürger:innen wurden entsprechend nationaler Kennzahlen wie Bevölkerungsdichte, mittlere Haushaltsgröße und Altersverteilung theoretisch beschrieben, ihre privaten und beruflichen Bewegungsprofile berechnet und auf dieser Grundlage Ansteckungswahrscheinlichkeiten bestimmt. Seit seiner ersten Vorstellung 2005 war das Modell vielfältig empirisch auf seine Zuverlässigkeit getestet und auch für Länder wie Großbritannien und die Vereinigten Staaten angepasst worden.

Seine Prominenz verdankt dieses Modell aber weder seiner Entwicklungsgeschichte noch seinem Detailreichtum. Vielmehr waren es seine sehr pessimistischen Prognosen, die ihm seinen Platz auf den Titelseiten der Zeitungen sicherten. Die Strategie der lediglich abgeschwächten Ausbreitung, im Zuge derer es zu einer relativ zügigen Durchseuchung der betrachteten britischen und amerikanischen Bevölkerung kommen würde, wäre demnach in Großbritannien mit 250 000 und in den Vereinigten Staaten mit 1,1 bis 1,2 Millionen Todesfällen verbunden, so hieß es im Report der Forscher:innen. Die Zahlen zeigten Wirkung. Während es zunächst so schien, dass die britische Regierung mit einer ungebremsten Durchseuchung liebäugelte, setzte sie im Folgenden doch auch auf soziale Distanz, Isolation und die Absage großer Veranstaltungen.

Die pessimistischen Prognosen erfüllten sich nicht. Nach der ersten Welle, im Sommer 2020, waren im Vereinigten Königreich rund 40 000 Menschen an COVID-19 gestorben (im Januar 2022 sind es mittlerweile 150 000, in den USA 835 000) – also bei Weitem nicht so viele, wie es von Ferguson und seinen Kolleg:innen »vorausgesagt« worden war. Das lag natürlich nicht zuletzt daran, dass die britische Regierung sich gegen die Strategie der Durchseuchung entschieden hatte. Aber bei vielen Menschen blieb etwas anderes hängen, nämlich die Überzeugung, Modelle seien nicht zuverlässig und würden vor allem falsche Prognosen erstellen. Diese Überzeugung wurde nicht nur durch das britische Beispiel genährt. Auch in Deutschland gab es im weiteren Verlauf der Pandemie zahlreiche Fälle pessimistischer Modellszenarios, die sich nicht bewahrheiteten. Wiederholt wurde etwa die Überlastung der Krankenhäuser vorhergesagt, ohne dass sie bisher eintrat.

Aber heißt das wirklich, dass auf Modelle kein Verlass ist? Wenn das so wäre, wäre es zumindest hochgradig beunruhigend – auch, und vielleicht insbesondere, jenseits pandemischer Kontexte. Wissenschaftliche Modelle begegnen uns im Alltag nämlich überall. Wer Modellen misstraut, sollte etwa besser nicht in Flugzeuge steigen. Bei deren Entwicklung werden viele Aspekte ihres Verhaltens, ihrer Leistungsfähigkeit und ihrer Sicherheit nicht »physikalisch« im Experiment getestet, sondern anhand von Simulationen. Auch wer ein Navigationssystem nutzt, verlässt sich leichtfertig auf Modellvorhersagen. Im Grunde gibt es kaum eine Anwendung mit irgendwie geartetem Wissenschaftsbezug, in die nie ein Modell eingeflossen ist. Man kann den »sogenannten Modellierer:innen« in unserer technologisierten Welt nicht aus dem Weg gehen. Wie kommt es, dass Modelle einerseits so eine zentrale Stellung in den Wissenschaften und unserem Leben spielen, und trotzdem in der Öffentlichkeit so relativ unbekannt sind?

Modelle und ihr Zweck

> *Ebenfalls als zuständig gelten Physiker und Mathematiker; die allerdings kommen ohne Fakten aus und arbeiten stattdessen mit Modellen wie die Quants in den Investmentbanken vor 2008, die uns ihre todsicheren Vorhersagen über die Stabilität der Preise von Derivaten eingebrockt haben.*
> Wolfgang Streeck, Frankfurter Allgemeine Zeitung,
> 10. Januar 2021

Eine Eigenschaft von Modellen, die für einige Verwirrung sorgen kann, ist, dass ziemlich viel Verschiedenes als Modell bezeichnet wird. Der Philosoph Nelson Goodman fasste das 1968 einmal so zusammen, dass so ziemlich alles ein Modell sein könne, »von einem Prototyp über eine mathematische Beschreibung bis hin zu einer Blondine«. Das heißt aber auch: Wenn man beschreiben will, was ein Modell im Kern ausmacht, kommt man zu einer recht allgemeinen Aussage. Etwas (das Modell) repräsentiert etwas anderes (ein Zielobjekt): der Prototyp des Automodells für das zu produzierende Auto, die mathematische Pendelgleichung für ein schaukelndes Kind, die Blondine im Katalog für die anzusprechende Konsumentin – und die epidemiologische Simulation für das Infektionsgeschehen in Großbritannien. Die Wichtigkeit von Modellen ergibt sich einfach aus dem Umstand, dass es aus bestimmten praktischen und von Fall zu Fall sehr unterschiedlichen Gründen oftmals günstiger ist, nicht mit dem Zielobjekt selbst zu arbeiten, sondern mit dem Ersatzobjekt. Lieber experimentiert man an einem Prototyp, als dass man später Änderungen an allen Fahrzeugen des Typs vornehmen muss. Lieber löst man eine einfache Differentialgleichung der Schaukelbewegung, als dass man alle Eigenschaften des schaukelnden Kindes, von der Schuhgröße bis zur Haarfarbe, mit berechnet. Besser man liefert den Kundinnen eine Abbildung, als dass sie alle selbst zum Anprobieren kommen müssen. Und lieber berechnet man vorher, wie viele Menschen in einer ungebremsten Pandemie sterben könnten, als dass man es einfach ausprobiert.

Das zieht aber eine weitere wichtige Eigenschaft von Modellen automatisch nach sich: Modelle müssen sich vom Zielobjekt unterscheiden, sonst könnte man auch gleich das Original nehmen. Und hier fangen die Probleme an. Denn Modelle sind vereinfachte Versionen des Zielobjektes. Details und bestimmte Eigenschaften werden weggelassen oder nur näherungsweise berücksichtigt. Insofern ist es leicht, Modelle zu kritisieren. In gewissem Sinne sind sie immer falsch und unzureichend. Ohne diese Eigenschaft der Vereinfachung würden sie allerdings gar nicht funktionieren. So wie man mit einer Landkarte, die jedes Sandkorn abbildet, hoffnungslos verloren wäre, wenn man den Weg zur nächsten Tankstelle sucht, ist es gerade die Stärke von Modellen, das wegzulassen, was nicht von Interesse ist.

Was aber von Interesse ist, und was nicht, das hängt davon ab, wofür man die Modelle benutzt. Im Prinzip kann man auch eine Packung Smarties als gut funktionierendes Modell des Infektionsgeschehens nutzen, etwa indem man jedes Mal doppelt so viele Smarties in den Mund nimmt wie beim Mal zuvor und sich damit exponentielles Wachstum verdeutlicht (jeder gerade gegessene Smartie hat beim nächsten Griff in die Süßigkeitenschüssel im Schnitt zwei weitere zu essende angesteckt, was einer Reproduktionszahl von 2 entspricht). Um eine Vorstellung für das schnelle Anwachsen von Exponentialfunktionen zu bekommen, ist dieses Modell kein schlechtes. Für detaillierte Prognosen ist es aber offensichtlich ungeeignet.

Wenn man also die Qualität eines Modells beurteilt, kann man das nur tun, wenn man auch den Zweck kennt, für den es entwickelt wurde. Und hier gibt es viele verschiedene Möglichkeiten. Es gibt Modelle, die ihr Zielobjekt nur oberflächlich nachbilden sollen, ohne dass sie den Anspruch haben, auf gleiche Weise zu funktionieren (beispielsweise ein Sprachassistent, der nur vorgibt, die Nutzer:innen wirklich zu verstehen). Es gibt Modelle, in denen es nur grundsätzlich darum geht, einen bestimmten Mechanismus zu verstehen, auch wenn das Modell nichts in der Welt wirklich so Existierendes beschreibt (etwa ein einfaches Beute-Jäger-Modell, das zeigt, wie es zyklisch immer abwechselnd zu hohen Populationszahlen von Jäger- und Beutetier kommt, auch wenn solche idealen Oszillationen in der Realität durch viele andere Faktoren gestört werden). Es gibt Modelle, die auf der Grundlage bestimmter Anfangsbedingungen Möglichkeiten der weiteren Entwicklung aufzeigen sollen (das Navigationssystem, das abhängig vom gewünschten Verkehrsmittel verschiedene Routen vorschlägt). Und es gibt Modelle, die versuchen, zukünftige Entwicklungen vorherzusagen (etwa Modelle der Wettervorhersage).

Wer über Modelle urteilt, muss das berücksichtigen: Wer einem Modell vorwirft, einen Zweck nicht zu erfüllen, für den es nicht gedacht ist, macht es sich zu leicht. Genauso muss man sich aber davor hüten, ein Modell zweckfremd zu nutzen, ihm blind zu vertrauen, und sich daraufhin durch seine Resultate in die Irre führen zu lassen. In der Pandemie konnte die aufmerksame Beobachterin die Vielfalt der Modelle und ihrer Zwecke gut verfolgen: Da gab es etwa aufwändige Simulationen zur Erstellung von Szenarios des Infektionsgeschehens. Es gab einfache Fits, die empirische Daten in die Zukunft extrapolieren sollten. Oder es gab webbasierte Modelle, mit denen man einfach herumspielen konnte, um die Zusammenhänge zwischen Maßnahmen und Infektionszahlen besser zu verstehen.

Wenn ein Modell seinen spezifischen Zweck allerdings erfüllt und man seine Anwendungsgrenzen und Unsicherheiten kennt und auch berücksichtigt, dann kann es trotz aller Vereinfachungen tatsächlich jede Menge belastbarer Fakten liefern. Kaum ein Forschungsergebnis ist heute ohne einen Gebrauch von Modellen entstanden. Tatsächlich ist es sogar so, dass auch die vermeintlich unverdächtigen empirischen »Fakten«, die »nackten Daten«, nicht ohne Modelle auskommen. In jeder statistischen Auswertung kommen einfache Modelle zum Tragen, etwa wenn man Messwerte durch eine Gauß'sche Normalverteilung oder eine Gammaverteilung darstellt. Auch hier sind wie bei den klassischen Modellen Vereinfachungen und Annahmen im Spiel, beispielsweise dass die Messwerte zufällig streuen, oder dass der Zeitabstand zwischen gemessenen Ereignissen zufällig ist. Die Entgegensetzung von Modellen und Fakten ist somit eine Scheinunterscheidung.

Wie werden Modelle geprüft?

> *Die Modellierer bauen allerdings lieber neue Modelle, als sich mit der Untersuchung der Güte ihrer Vorhersagen zu befassen. Dies bleibt dann meist Journalisten überlassen.*
> Ulrich Dirnagl, Deutschlandfunk, 19. Mai 2021

Zu Beginn der Pandemie nahm die Qualität der Wettervorhersage ab. Das lag vor allem am starken Einbruch des Flugverkehrs. Flugzeuge liefern wichtige Messdaten, etwa zu Windstärke, Temperatur oder Wasserdampf-Gehalt, für meteorologische Computermodelle. Wenn die Datenlage schlechter wird, werden die Prognosen unpräziser. In welchem Ausmaß das geschah, konnten Wissenschaftler:innen recht genau abschätzen: Zwischen März und Mai 2020 war etwa die Temperaturvorhersage weltweit um bis zu 2 Grad ungenauer als noch im Februar. Für die Nutzer:innen hieß das: vor dem Spaziergang doch lieber auch noch einmal aus dem Fenster schauen als nur auf das Smartphone-Display. Wer ein Modell erfolgreich nutzen will, muss eine Vorstellung über die Unsicherheiten seiner Resultate haben. Und die hängt eben auch entscheidend an der Qualität der empirischen Eingangsdaten.

Jedes Modell enthält massive Vereinfachungen und grundlegende Annahmen. Meteorologische Modelle können beispielsweise nicht jede einzelne Wolke berücksichtigen. Sie müssen außerdem davon ausgehen, dass sich die Bedingungen in der Atmosphäre zwischen ihren Messstationen kontinuierlich verändern und sich dort etwa nicht unerwartet eine harmlose Schäfchenwolke zur gigantischen Gewitterwolke gemausert hat.

Die Annahmen und Vereinfachungen führen dazu, dass sich jedes Modell in bestimmten Hinsichten ganz anders verhält als das, worüber es Auskunft geben soll. Die Kunst ist, ein Modell so zu bauen, dass es sich nur in denjenigen Hinsichten grundlegend vom Zielobjekt unterscheidet, die für den besonderen Zweck irrelevant sind – so ist es beispielsweise nicht schlimm, wenn die meteorologische Simulation fünf Wolken über Frankfurt berechnet und es in Wirklichkeit dann 20 sind, solange die Beschreibung »heiter bis wolkig« noch passt.

Dazu gehört auch, dass man wissen muss, wie groß im schlimmsten Fall die Abweichungen zwischen dem modellierten und dem realen Phänomen sein können. Mit anderen Worten: Bevor man Modelle erfolgreich nutzen kann, muss man sie umfangreich testen, auf die Probe stellen und ihre Unsicherheiten quantifizieren. Wissenschaftliche Computermodelle haben daher oft eine lange Geschichte hinter sich. Nicht selten haben Generationen von Wissenschaftler:innen jeden Aspekt des Modells intensiv auf die Probe gestellt und das Modell langsam immer weiter verfeinert und erkundet. Zu fast jedem Computermodell gibt es entsprechend Berge wissenschaftlicher Aufsätze, in denen all das ausführlich diskutiert und festgehalten ist. Einige Elemente des ICON Modells, das der Deutsche Wetterdienst nutzt um globale Wettervorhersagen zu erstellen, wurden etwa ursprünglich bereits in den 1960er Jahren entwickelt. Die grundsätzlichen Ideen, auf denen heute die meisten epidemiologischen Modelle beruhen, sind mehr als hundert Jahre alt. Der Arzt William Hamer schlug bereits 1906 vor, das Infektionsgeschehen in Abhängigkeit der Zahl Infizierter und der Anzahl der noch für die Infektion Empfänglichen zu beschreiben – eine Idee, die heute noch den einfachen epidemiologischen SIR-Modellen zugrunde liegt.

Um die Qualität eines Modells zu prüfen und seine Unsicherheiten abzuschätzen, gibt es ganz unterschiedliche Strategien, die von Wissenschaftler:innen angewendet werden. Die einfachste ist der Vergleich mit Messdaten. Wenn man beispielsweise das Fließverhalten von Wasser durch ein Rohr modelliert, kann man die Simulation schließlich mit einem realen Experiment vergleichen und daraufhin einschätzen, wie gut das Modell ist. Dieses Vorgehen hat allerdings einen Haken: Meistens braucht man gerade dann Modelle, wenn man einen schlechten Zugang zum realen Phänomen besitzt, so dass dieser Vergleich gar nicht möglich ist. Wenn man etwa das Windkanalmodell eines neuen Flugzeugtyps erst dann nutzen könnte, wenn man seine Qualität dadurch überprüft hat, dass man den neuen Flugzeugtyp zum Vergleich tatsächlich in den Windkanal stellt, bräuchte man das Modell gar nicht mehr. Messdaten sind daher meist nur für bestimmte einfache Grenzfälle oder bereits in der Vergangenheit realisierte Anwendungen vorhanden. Diese Daten kann man nutzen, um das Modell zu prüfen. Allerdings muss man dann hoffen, dass sich das Modell jenseits der geprüften Fälle auch für kompliziertere oder zukünftige Anwendungen ordnungsgemäß verhält.

Alternativ kann man die Resultate des Modells auch mit einfachen Anwendungen vergleichen, deren Ergebnis man aus der reinen Theorie kennt, die man also einfach »mit Zettel und Stift« berechnen kann, ohne mit weitreichenden Annahmen und Vereinfachungen arbeiten zu müssen. Wenn man etwa wie im früheren Beispiel ein schaukelndes Kind simuliert hat, dann könnte man das Modell für ein punktförmiges Kind laufen lassen (also etwa die Parameter für Größe und Ausdehnung auf sehr, sehr kleine Werte setzen) und das entsprechende Ergebnis mit demjenigen der einfach mit Papier und Bleistift zu lösenden Schwingungsgleichung abgleichen. Aber auch hier bleibt die Frage, ob die Bestätigung des Modells dann auch für kompliziertere Phänomene noch gilt.

Eine andere Strategie ist es, die Ergebnisse verschiedener Simulationen, die dasselbe Phänomen modellieren, miteinander zu vergleichen. Die Idee dahinter ist, dass die Streuung der Modellresultate auf diese Weise einen Eindruck über deren Zuverlässigkeit gibt. Wenn man etwa drei verschiedene Wettersimulationen laufen lässt, und eine sagt Sonne voraus, eine Regen und die dritte Gewitter, dann muss man sagen, dass auf der Grundlage dieser Berechnungen die Unsicherheit über das Wetter von morgen sehr groß ist. Wenn auf der anderen Seite alle Modelle einen Regentag prognostizieren, dann wird man sich darauf schon eher verlassen wollen. Natürlich könnte es immer sein, dass auch mehrere in ihren Resultaten übereinstimmende Modelle alle falsch sind. Aber wenn die Modelle sich untereinander in ihrer jeweiligen Architektur deutlich unterscheiden, wenn sie also verschiedene Annahmen machen, verschiedene Datenquellen nutzen und an verschiedenen Stellen vereinfachen, dann hat eine trotzdem auftretende Übereinstimmung doch eine große Überzeugungskraft.

Schließlich entwickeln Modellierer:innen dadurch ein Gefühl für das Verhalten und die Unsicherheiten ihres Modells, indem sie ausgiebig damit »herumspielen«: Indem sie also Eingangsparameter und Anfangsbedingungen variieren und dann beobachten, welche Auswirkungen diese Veränderungen auf die Resultate haben. Unsicherheiten in den gewählten Annahmen können auf diese Weise in Unsicherheiten der entsprechenden Ergebnisse übersetzt werden. So konnte man beispielsweise quantifizieren, dass eine Hinzunahme der durch Flugzeuge generierten Wetterdaten den Fehler in den Wetterprognosen um rund zehn Prozent reduziert. Für diese Art der Abschätzung von Unsicherheiten gibt es ausgearbeitete statistische Prozeduren, die genau diese Frage beantworten sollen: Welchen Einfluss haben bestimmte Annahmen auf das schließlich generierte Ergebnis? Natürlich können auf diese Weise nur die *known unknowns,* diejenigen Unbekannten berücksichtigt werden, deren Existenz bekannt ist. Es ist immer möglich, dass es zusätzlich wichtige Faktoren gibt, die im Modell fehlen, die aber den Modellierer:innen überhaupt nicht bekannt sind. Trotzdem liefert diese Methode zahlreicher Testläufe und statistischer Auswertung eine sehr zuverlässige Grundlage, um Aussagen über die Güte von Modellen zu machen.

Wenn Wissenschaftler:innen Ergebnisse veröffentlichen, die sie anhand von Modellen und Simulationen generiert haben, gibt es in jedem Artikel einen eigenen Abschnitt, »Diskussion« genannt, in dem es unter anderem genau um solche Abschätzungen der Unsicherheiten geht. Im oft langwierigen Begutachtungsprozess, den renommierte Forschungsjournale durchführen, und im Zuge dessen der Artikel immer wieder anonymen Gutachter:innen zur Prüfung vorgelegt wird – so lange, bis die Autor:innen endlich alle Fragen zur Zufriedenheit beantwortet haben – geht es meist insbesondere um diese Diskussion der Unsicherheiten. Es ist eine Spezialität der meisten Gutachter:innen, hier immer wieder nachzuhaken, welche Konsequenzen andere Parameter, andere Daten oder andere Implementierungen auf die Ergebnisse haben, ob die Ergebnisse gegenüber solchen Änderungen »robust« sind. Wissenschaftler:innen, die sich mit der Güte ihrer Modelle nicht befassen wollen, haben daher schlechte Chancen, ihre Ergebnisse jemals in einer angesehenen Fachzeitschrift veröffentlichen zu können.

Die Modellierung komplexer Systeme

Einige der prominentesten Modelle sind überraschend vage verfasst. Wie bei Horoskopen passen sie damit zu jedem Verlauf [...]. Dort, wo konkrete Zahlen vorhergesagt wurden, sind diese sehr häufig leider nicht so eingetreten.
Hendrik Streek, Weimarer Rede, 23. Mai 2021

Modelle können viele Formen haben. Wenn in der Öffentlichkeit die Unzuverlässigkeit von Modellen beklagt wird, geht es allerdings selten um Modelleisenbahnen, Berechnungen isolierter Quantensysteme oder Flugzeugsimulationen. Diejenigen Modelle, die derzeit gesellschaftlich besonders relevant und kontrovers sind, sind diejenigen, die sich mit komplexen Systemen befassen, wie etwa der Virusausbreitung in Deutschland oder dem Erdklima. Solche Systeme haben eine Reihe besonderer Eigenschaften: Es gibt eine große Zahl kausal wirksamer Faktoren, also viele Einflüsse, die sich untereinander wie auch das Gesamtsystem in schwer zu durchschauender Art und Weise beeinflussen. Dabei kommt es immer wieder zu Rückkopplungen: Bestimmte Effekte haben Folgen, die auf sie selbst zurückwirken – etwa wenn eine Wolkendecke die Temperatur der Atmosphäre ändert und durch diese Temperaturänderung weitere Wolkenbildung beeinflusst wird.

Dieser Punkt wird auch als Nichtlinearität beschrieben: Ursache und Wirkung stehen nicht in einer linearen, einfachen Beziehung. Stattdessen kann es schwer kontrollierbare Verstärkungseffekte geben. Außerdem gibt es in komplexen Systemen viele verschiedene Organisationsebenen, die sich gegenseitig beeinflussen: In der Atmosphäre sind etwa bestimmte Reaktionen zwischen Molekülen genauso relevant, wie ihr kollektives Verhalten als Wolke oder wiederum deren Zugehörigkeit zu einem großen Tiefdruckgebiet. Das bedeutet: Man kann das System für die Analyse nicht in einfach zu verstehende Teilsysteme aufteilen. Wenn man die Atmosphärenchemie, das Verhalten von Wolken und die Entstehung von Tiefdruckgebieten jeweils für sich allein gut im Griff hat, kann die Kopplung von allem doch wieder zu Überraschungen führen.

Diese Eigenschaften machen die Modellierung komplexer Systeme so schwierig. Die Abschätzung, was relevante Faktoren sind, die unbedingt in das Modell einfließen müssen, und was ignoriert werden kann, ist nicht immer offensichtlich – zumal man aus der erfolgreichen Prüfung von Teilmodellen nicht einfach auf die Qualität des Gesamtmodells schließen kann. Außerdem sind die Systeme sehr empfindlich, was eingehende Parameter und Anfangsbedingungen angeht. Schon kleine Unsicherheiten können hier massive Konsequenzen für das Verhalten des gesamten Systems haben. Die Modellierung komplexer Systeme ist daher in ganz besonderem Maße gezwungen, dem Thema der Unsicherheiten hohe Aufmerksamkeit zu widmen: Man kann sie in diesen Systemen nicht loswerden, man kann sie nur beherrschen lernen.

Diejenigen Modellierer:innen, die sich mit komplexen nichtlinearen Systemen beschäftigen, haben daher ein Vorgehen entwickelt, das sich von demjenigen unterscheidet, das für klassische einfache Systeme funktioniert. An die Stelle präziser Voraussagen treten stärker qualitative Untersuchungen mit einem starken Fokus auf der Abschätzung von Unsicherheiten. Es geht etwa darum, grundsätzlich zu verstehen, welche Typen von Verhaltensweisen das System unter bestimmten Bedingungen zeigen kann, also darum, belastbare Informationen zu sammeln, die von den Unsicherheiten relativ wenig betroffen sind. Man kann sich etwa fragen, welche stabilen Zustände ein System einnehmen kann, in denen es auch unter Störungen weiter existiert.

Solche stabilen Gleichgewichtszustände kennt man auch aus der Natur. Beispielsweise gibt es eine bestimmte Algenart, die besser als andere Algen an schlechte Lichtverhältnisse angepasst ist. Da diese Algenart selbst dafür sorgt, dass das Wasser trüb wird, setzt sie sich praktisch immer durch, sobald sie einmal in einem See angesiedelt ist, egal wie der See ansonsten beschaffen ist und egal, welche Versuche man unternimmt, die Algen wieder loszuwerden. Manchmal gibt es auch Systeme, die zwischen stabilen Zuständen oszillieren: Etwa wenn jemand nur dann besonders fürsorglich ist, wenn er die Aufmerksamkeit seiner Freundin spürt und sich ansonsten abwendet – und die Freundin wiederum fürsorgliche Männer hasst und ihrem Freund gegenüber nur dann aufmerksam ist, wenn sie das Gefühl hat, dass er sich von ihr abwendet. Auch die Erkenntnis, dass ein System instabil ist, kann nützlich sein: Dann weiß man vielleicht, dass besondere Vorsicht vonnöten ist, in einen solchen Zustand zu geraten. Etwa dass man an Weihnachten nie so viel essen sollte, dass man angesichts der eigenen Körpermasse keinen Spaß mehr an Sport hat, wodurch man wiederum mehr Zeit hat, noch mehr zu essen.

Ist damit aber etwas gewonnen, wenn man nur grundsätzlich sagen kann, dass ein System einen stabilen Zustand besitzt, oder dass es Gefahr läuft, instabil zu werden, ohne dass man ganz genau und detailliert die zukünftige Entwicklung des Systems vorhersagen kann? Diese Informationen können tatsächlich sehr nützlich sein, etwa wenn man auf diese Weise »Kipppunkte« identifizieren kann: Parameter, bei denen etwa Stabilität in Instabilität umschwenken kann. Ein Beispiel in der Pandemie war die Überlastung der Gesundheitsämter durch zu viele Infektionsfälle, woraufhin das System der Kontaktverfolgung und -quarantäne nicht mehr funktioniert, was zu einer weiteren Zunahme der Ansteckungen führt. Gleichzeitig wird man sich als guter Modellierer oder gute Modelliererin hüten, zu konkrete Vorhersagen treffen zu wollen. Das hat tatsächlich eine entscheidende Konsequenz: Es geht bei diesen Modellen praktisch nie um präzise Prognosen, sondern um die Erstellung verschiedener Szenarios.

Wie mit komplexen Modellen Entscheidungen getroffen werden

> *Tendenziell wählen die Experten apokalyptische Visionen, weil sie so leichter gewinnen können: Treten die Prognosen ein, können sie sagen, dass sie es dank besonderen intellektuellen Fähigkeiten immer schon gewusst haben. Treten die düsteren Szenarien hingegen nicht ein, können sie gönnerhaft behaupten, dass ihre Warnung die Apokalypse abgewehrt hat, und erhalten sogar noch Applaus.*
> Markus Gabriel, Neue Zürcher Zeitung, 26. Oktober 2020

Wenn es darum geht, Strategien für den Umgang mit komplexen Systemen zu entwickeln, sind obige Beobachtungen natürlich schlechte Nachrichten. Die traditionelle Idee, dass man genau (oder zumindest mit statistisch gut handhabbaren Wahrscheinlichkeiten) vorhersagen kann, welche Handlungsoptionen welche Folgen haben und man dann nur noch eine Art Kosten-Nutzen-Analyse durchführen muss, funktioniert nicht. Dafür existieren zu viele Unsicherheiten, das Problem ist zu komplex und der Wissensstand zu schnell veränderlich. Anstelle von Vorhersagen werden daher Szenarios gerechnet: Modelle, die eine Vorstellung davon geben, wie groß die Unsicherheiten sind und welches Handlungsspektrum überhaupt offen steht.

Wenn aber ein ganzes Spektrum möglicher Zukunftsszenarios vorliegt, im besten Fall auch noch unter Verwendung ganz verschiedener Computermodelle, kann man untersuchen, wie empfindlich diese Szenarios gegenüber Unsicherheiten sind, und sich für diejenigen entscheiden, bei denen diese Empfindlichkeit besonders gering scheint. Wenn man unsichere Parameter identifiziert hat, die offenbar besonders entscheidend für das Problem sind, kann man diese Information dafür nutzen, hier die empirische Datenlage zu verbessern. Man kann auf der Grundlage der

Szenarios die existierenden Unsicherheiten abschätzen und eine Vorstellung davon bekommen, was im schlimmsten Fall passieren könnte, indem man alle frei wählbaren Werte und Anfangsbedingungen besonders pessimistisch ansetzt. Auf der anderen Seite kann man aber auch erkunden, welche Bedingungen erforderlich wären, um eine möglichst günstige Entwicklung zu erlangen. Wichtig ist dabei: Immer sind die bestehenden Unsicherheiten im Kopf zu behalten und immer muss es die Bereitschaft geben, Pläne auch wieder zu ändern, wenn sich Szenarios und Annahmen als nicht zutreffend erweisen und Strategien doch nicht funktionieren. Es geht nicht darum, die Zukunft vorherzusagen. Es geht darum, die Zukunft in ihren verschiedenen möglichen Abläufen zu verstehen.

Bei Problemen, bei denen viel auf dem Spiel steht – seien es Atomreaktoren, Flugzeugabstürze oder Pandemien –, gibt es die Tendenz, dabei auf Sicherheit zu setzen. Das macht man, indem man Worst-Case-Szenarios betrachtet, also zu verstehen versucht, worauf man sich einstellen müsste, wenn wirklich alle Unsicherheiten gegen einen arbeiten. Dass damit nicht gesagt ist, dass die Zukunft wirklich so aussehen wird, sollte sich vor diesem Hintergrund eigentlich von selbst verstehen. Wenn Medienvertreter:innen aber immer wieder solche Worst-Case-Szenarios aufgreifen und als Prognose verkaufen, ist das nicht den Modellen anzulasten, sondern mag, wohlwollend interpretiert, aus einer Kombination von Unwissen und Missverständnissen resultieren. Wenn Wissenschaftler:innen das tun (was allerdings selten vorkommt), dann haben sie vermutlich andere Motive als wissenschaftliche.

Besonders wichtig ist die Unterscheidung von Szenarios und Vorhersagen offensichtlich dann, wenn die Modellberechnungen selbst Einfluss auf das modellierte System nehmen, wie es bei epidemiologischen Modellen der Fall ist: So mögen medial verbreitete pessimistische Modellrechnungen, die etwa unter der Annahme einer gleichbleibenden Infektionsdynamik eine Überlastung der Krankenhäuser vorhersagen, zu vorsichtigerem Verhalten in der Bevölkerung führen – und damit das Eintreffen des beschriebenen Szenarios selbst verhindern. Solche Rückkopplung vergrößert die Unsicherheit der Ergebnisse enorm und macht ein weiteres Mal deutlich, dass Wissenschaftler:innen Modellrechnungen kaum ernsthaft als Vorhersagen verkaufen können.

Im Grunde ist die Situation ähnlich wie die »Vorhersage« von Verkehrsrouten mithilfe eines Navigationssystems. Wenn auf der Autobahn ein Unfall passiert und das Navy daraufhin eine Alternativroute vorschlägt, kommt es nicht selten vor, dass viele Autofahrer gleichzeitig auf die Alternativroute umschwenken und diese ebenfalls verstopfen. Die ursprüngliche Voraussage der neuen Fahrtzeit ist damit zunichte gemacht. Trotzdem würde man nicht sagen, dass solche Fälle zeigen, dass Navigationssysteme nutzlos sind. Oder noch plakativer: Wenn das Navi zwei Routen durch die Stadt vorschlägt, eine zweistündige »Route1« durch den Berufsverkehr und eine halbstündige »Route2« um die Stadt herum, würde man vermutlich letztere wählen. Aber würde man sich dann am Ziel darüber aufregen, dass man nun auf der zweiten Route doch so schnell angekommen ist und das düstere Szenario der Route1 des Navigationssystems gar nicht eingetreten ist? Würde man dem Navy nun extra deshalb nicht applaudieren, damit es sich nicht einbildet, irgendeine Stauapokalypse aufgehalten zu haben?

Das Verständnis komplexer Systeme, wie der Pandemie oder des Erdklimas, ist entscheidend dafür, die richtigen Entscheidungen für die Zukunft zu treffen. Ein solches Verständnis können Modelle und Simulationen liefern. Um diese aber sinnvoll nutzen zu können, muss man eine zumindest grobe Vorstellung davon haben, wie sie funktionieren. Man muss wissen, für welchen Zweck sie entwickelt wurden und mit welchen Unsicherheiten sie behaftet sind. Man muss sich damit abfinden, dass sie normalerweise keine präzisen Vorhersagen liefern, sondern dass es darum geht, anhand von Szenarios Zukunftsvarianten auszuloten. Dass man anhand von Modellen also etwa Informationen darüber generieren kann, wie sich das Infektionsgeschehen entwickeln könnte, wenn sich die Bevölkerung unter bestimmten Bedingungen in bestimmter Weise verhalten würde. Man muss wohl oder übel akzeptieren, dass Unsicherheiten ein Bestandteil dieser Modelle sind, den man nie los wird, egal wie viel Energie man in ihre Verbesserung steckt – denn diese Unsicherheit liegt nicht an der Unzulänglichkeit der Modelle sondern an der grundsätzlichen Natur des zu verstehenden Problems. Entsprechend darf man Modellen nie blind vertrauen, sondern sollte immer kritisch nach ihren jeweiligen Limitierungen fragen. Gleichzeitig müssen wir uns daran gewöhnen, dass unser aktueller Wissensstand immer nur vorläufig ist und sich wie die aktuelle Stauprognose jederzeit ändern kann, dass uns das aber nicht vom Handeln abhalten darf, sondern vielmehr dazu führen sollte, dass wir unsere Entscheidungen immer wieder neu hinterfragen und mit der Realität abgleichen – ohne daraufhin verbissen nach Schuldigen zu suchen. In Bezug auf wissenschaftliche Modellbildung ist noch viel Aufklärungsarbeit zu leisten. Im besten Fall hat uns die Pandemie dabei helfen können, zumindest ein Grundverständnis zu entwickeln. Für bevorstehende, andere Herausforderungen werden wir es noch gut gebrauchen können.

Thorsten Faas und Mona Krewel
Interaktionen von Politik und Wissenschaft in der Mediengesellschaft: Stimmenfang, Vorlesung oder Unterhaltung?

In den vergangenen 25 Jahren haben sich politische Akteur:innen angesichts der zunehmenden Komplexität moderner Gesellschaften verstärkt an Wissenschaftler:innen gewandt. Immer wieder wurden Expert:innenkommissionen einberufen, um staatlichen Institutionen mit innovativen Ideen beizuspringen, ihnen neue Handlungsperspektiven aufzuzeigen oder sie bei ganz konkreten Fragestellungen zu beraten. Die Hartz-Kommission, die Ethikkommission für eine sichere Energieversorgung oder der erst kürzlich von der Bundesregierung ins Leben gerufene Corona-Expertenrat sind nur drei von vielen Beispielen. Von einer »Verwissenschaftlichung« der Politik ist zuweilen die Rede; einige politische Kommentator:innen sprachen in der Ära Schröder sogar von der »Berliner Räterepublik«. Darin schwang schon deutliche Kritik mit, schließlich handelt es sich bei Wissenschaftler:innen nicht um demokratisch gewählte und damit legitimierte Vertreter:innen. An sie weitreichende politische Entscheidungen zu delegieren, erscheint entsprechend fragwürdig – worauf jüngst auch das Bundesverfassungsgericht in seinem Corona-Urteil mit Vehemenz hingewiesen hat.

Nicht nur von einer »Verwissenschaftlichung« der Politik ist die Rede. Zugleich wird eine »Medialisierung« sowohl der Politik als auch der Wissenschaft diagnostiziert. Politik und Wissenschaft müssen (und wollen) mehr denn je Präsenz in der Öffentlichkeit zeigen: Politiker:innen benötigen die Medien, um ihre Themen zu transportieren und Wähler:innen zu erreichen. Von Wissenschaftler:innen wird erwartet, dass sie ihre Themen mediengerecht und öffentlichkeitswirksam vermitteln können. Der eigene Podcast kann heute genauso zum Portfolio von Wissenschaftler:innen gehören wie die Promotion. Umgekehrt benötigen Medien ihrerseits Politiker:innen, um politischen Themen ein Gesicht zu geben. Ebenso greifen sie routinemäßig auf Wissenschaftler:innen zurück, um ihrem Publikum komplexe Themen zu vermitteln – sei es, weil sie selbst keine ausreichende Expertise besitzen, sei es, weil sie journalistische Aussagen belegen und ihnen Gewicht verleihen wollen.

Was so einfach und kompatibel klingt, ist es in der Praxis aber keineswegs. Trotz der skizzierten Interessenkongruenz harmonieren die Logiken von politischen, medialen und wissenschaftlichen Akteur:innen nicht immer und automatisch miteinander. Die Darstellung eines wissenschaftlichen Themas kann schlicht zu komplex für ein breites Publikum sein. Journalist:innen möchten ihre Leser:innen und Zuschauer:innen zwar informieren, aber auch nicht überfordern und sie dabei auch ein wenig unterhalten, um im Wettbewerb um Reichweiten und Quoten attraktiv zu bleiben. Aus ihrer Perspektive ist es nötig, Wissenschaftler:innen zur Vereinfachung von Sachverhalten zu bewegen und Komplexität zu reduzieren. Die Reputation von Wissenschaftler:innen aber (gerade in ihrer eigenen *scientific community*) beruht darauf, sich mit höchst komplexen Sachverhalten auszukennen und diese zu durchdringen. Zu starke Vereinfachungen können ihrem Ruf daher abträglich sein, ihnen das Label eines »Fernsehprofessors« einbringen.

Politiker:innen wiederum können sich nur bedingt auf eine öffentliche Debatte mit Wissenschaftler:innen einlassen. Mögen Wissenschaftler:innen auch fordern, »das Richtige« zu tun, so können Politiker:innen dem selten 1:1 folgen. Sie werden weitere

Erwägungen in ihr Kalkül einfließen lassen. Diese können finanzieller Natur sein, wenn es um die Frage geht, welche Kosten mit dem Erreichen bestimmter, aus wissenschaftlicher Sicht wünschenswerter Ziele verbunden sind. Sie können aber auch partei- und wahlpolitischen Logiken folgen, wenn sie an Beschlüsse ihrer Parteien oder Fraktionen gebunden sind, sich von der politischen Konkurrenz abgrenzen und so letztlich Stimmen an Wahltagen gewinnen wollen. Überdies wird von Politiker:innen erwartet, die Interessen vieler verschiedener gesellschaftlicher Gruppen gegeneinander abzuwägen. So können Politiker:innen im Gegensatz zu Wissenschaftler:innen die Reduktion von CO_2-Emissionen und das Erreichen von Klimazielen nicht diskutieren, ohne etwa wirtschaftliche und soziale Implikationen – kurz- und längerfristiger Art – mitzudenken.

Gerade in der jüngsten Vergangenheit hat die Interaktion von Politik, Wissenschaft und Medien angesichts der riesigen Herausforderungen unserer Zeit eine neue Qualität erfahren. Massive Migrationsbewegungen, eine globale Klimakrise oder die Corona-Pandemie zwingen Politik und Wissenschaft zu enger Zusammenarbeit. In einer Demokratie benötigen die Ergebnisse und Produkte dieser Zusammenarbeit aber auch breite Akzeptanz der Öffentlichkeit und letztlich die Unterstützung der Bevölkerung, mindestens mehrheitlich. Sie müssen erklärt und verständlich gemacht werden, für sie muss geworben und mitunter auch um sie gerungen werden. Aber wie gut gelingt das letztlich? Wie stellt sich der Austausch von Politik und Wissenschaft öffentlich und medial dar? Wie verständlich sind die Informationen und Debatten? Und schaffen sie am Ende Akzeptanz und Legitimität für jene Maßnahmen, die die Politik beschlossen hat?

Diese Fragen wollen wir im Folgenden am Beispiel der Corona-Pandemie in den Blick nehmen. Wir wollen uns dabei zunächst die mediale Begleitung und Repräsentation der Pandemie anschauen und dafür speziell die Auseinandersetzung mit der Pandemie in politischen Talkshows heranziehen. Anschließend wollen wir betrachten, wie die Menschen in Deutschland die Pandemie erlebt haben: Wie hat sich ihr Kenntnisstand rund um die Pandemie entwickelt, was folgt daraus mit Blick etwa auf die Unterstützung von Maßnahmen zur Bekämpfung der Pandemie? Und was lernen wir eigentlich aus alledem über die Tage der Pandemie, die hoffentlich bald gezählt sein werden, hinaus?

Der Corona-Diskurs zwischen Politik und Wissenschaft in der Öffentlichkeit: Vom Bundestag und aus dem Labor in die Talkshow – was heißt das für die Qualität der COVID-19-Debatte?

Politische Talkshows sind ohne Zweifel ein sehr spezielles mediales Format. Und doch sind sie gerade für den Austausch und das Aufeinandertreffen von Wissenschaft, Politik und (medialer) Öffentlichkeit von besonderer Bedeutung. Im Gegensatz zu reinen Nachrichtenformaten bieten sie Raum für Argumente, sie formen Narrative, die politische Debatten prägen, sie werden millionenfach verfolgt und bringen durch ihre Gästeauswahl verschiedene Subsysteme der Gesellschaft miteinander in Kontakt. In Summe kommt ihnen eine erhebliche Bedeutung für die Politikdarstellung und -herstellung in Deutschland zu; sie können als Gradmesser des öffentlich-medialen Diskurses dienen. Aber tun sie das wirklich? Können sie diese hochgesteckten Erwartungen erfüllen, gerade in Zeiten einer Pandemie? Schon in weniger turbulenten Zeiten sehen sich politische Talkshows immer wieder Kritik ausgesetzt, was ihre Gäste-, Themen- und Schwerpunktauswahl angeht. Sie spiegelten nur eine eingeschränkte, noch dazu inszenierte und unterkomplexe Sicht auf eigentlich komplexe Sachverhalte wider, so heißt es. Wir haben diese Fragestellungen mit Blick auf die Zeit der Corona-Pandemie untersucht.

Seit den ersten Meldungen zum Ende des Jahres 2019 über eine neuartige Lungenkrankheit in China haben sich die Ereignisse weltweit überschlagen: Ständig neue Entwicklungen, ständig neue Erkenntnisse, ständig neue Kriterien und Kennzahlen, ständig neue – oder zumindest andere – Maßnahmen. Welchen Niederschlag hat das in den Talkshows des Landes gefunden? Im Rahmen des Projekts »Corona-Sprechstunde mit Maybrit Illner, Anne Will & Frank Plasberg: Parteilich und oberflächlich oder ausgewogen und informativ?«, das wir gemeinsam mit der Rudolf Augstein Stiftung durchgeführt haben, konnten wir alle Talkshows der reichweitenstärksten Sendungen »Maybrit Illner«, »Anne Will« und »Hart aber Fair« zwischen Januar 2020 und Juli 2021, in deren Fokus die Pandemie stand, inhaltsanalytisch auswerten. Dies waren insgesamt 112 Sendungen.[1]

Was die Aktualität der Debatte betrifft, so taucht die erste Sendung »Maybrit Illner« zu Corona schon im Januar 2020 auf; eine weitere folgt im Februar 2020. Mit der Ankunft der Pandemie in Deutschland dominiert das Thema Corona dann in den Monaten März bis Mai 2020 die Talkshowlandschaft hierzulande. Auch zu Beginn des Jahres 2021, als Deutschland neuerlich mit hohen Fallzahlen zu kämpfen hatte, findet sich kaum etwas anderes als Corona. Die Debatte nahm also offenkundig breiten Raum ein.

Doch wer sitzt am Talkshow-Tisch und prägt den öffentlichen Diskurs über die Pandemie in Deutschland? Einige wenige Personen gehörten zu den Dauergästen der Talkshows in der Pandemie. Absoluter Spitzenreiter war dabei Karl Lauterbach (SPD), der in 22 Sendungen – und damit in fast jeder fünften Sendung! – zu Gast war. Es folgten Helge Braun (CDU), Markus Söder (CSU), Olaf Scholz (SPD) und Christian Lindner (FDP), die jeweils in zwölf Sendungen auftraten; Manuela Schwesig (SPD) war in immerhin elf Sendungen präsent. Mit Melanie Brinkmann kommt auch eine Wissenschaftlerin auf eine zweistellige Zahl an Auftritten in den betrachteten Talkshows im Untersuchungszeitraum: Sie war in zehn Sendungen zu Gast.

Schon diese wenigen Zahlen zeigen: Die Sendungen bleiben *politische* Talkshows; Gäste aus der Politik prägen die Sendungen stark. Insgesamt waren 611 Gästepositionen in den 112 Sendungen zu füllen, 236 Mal waren diese Positionen mit Politiker:innen besetzt – also fast 40 Prozent. 156 Mal waren Wissenschaftler:innen zu Gast, 86 Mal Journalist:innen, wobei die beiden zuletzt genannten Gruppen auch eine größere Vielfalt an Personen repräsentieren als die Gruppe der Politiker:innen. Der Blick auf die Politiker:innen zeigt weiterhin, dass mit Christian Lindner nur ein einziger Oppositionspolitiker auf eine zweistellige Zahl an Auftritten in den ausgewerteten Sendungen kommt.

Noch deutlicher treten diese Muster zutage, wenn man sich anschaut, wie eigentlich in den einzelnen Sendungen die Redezeiten verteilt sind. Lässt man die Moderator:innen Anne Will, Maybrit Illner und Frank Plasberg an dieser Stelle einmal außen vor, so verbleiben pro Sendung rund 45 Minuten Redezeit, die auf die Gäste entfallen. Fast die Hälfte davon entfällt auf Politiker:innen, ein knappes Viertel auf Wissenschaftler:innen und ein Siebtel auf Journalist:innen. Politiker:innen sind also nicht nur sehr präsent in den Sendungen (knapp 40 Prozent aller Gästepositionen), sie beanspruchen auch noch überproportional viel Sendezeit. Von der Redezeit, die auf Politiker:innen entfällt, füllen dabei Mitglieder der Bundes- oder Landesregierungen rund 60 Prozent. Insgesamt ist eine deutliche Exekutivorientierung in der Auswahl von Talkshowgästen festzustellen, die erst im Laufe der Pandemie im Jahre 2021 etwas nachlässt.

Auch wenn unklar bleiben muss, wie genau eine »richtige« Besetzung und Beitragsverteilung aussehen würde, so offenbart die Gästeauswahl doch eine gewisse Einseitigkeit des öffentlichen Diskurses über die Pandemie: Eine kleine Gruppe von Politiker:innen, in der Regel Regierungsmitglieder, prägt die öffentliche

Debatte. Aus Sicht der Medien mag diese Exekutivorientierung durchaus Sinn ergeben, da Regierungsmitglieder – gerade in Zeiten häufig tagender Konferenzen der Ministerpräsident:innen – entscheidungsbeteiligt und -befugt sind. Gleichwohl schränkt dies natürlich die Meinungsvielfalt und Debatte ein. Auch die Tatsache, dass Wissenschaftler:innen mehr »Come-and-Go-Gäste« in den politischen Talkshows sind, während sich der recht überschaubare Kreis der »professionellen« Talkshow-Gäste aus dem Kreis der Politiker:innen rekrutiert, gibt diesen Dauergästen die Möglichkeit, über längere Zeit ein bestimmtes Framing ihrer Sicht auf die Pandemie und den Umgang damit zu etablieren.

Tatsächlich zeigt sich dies, wenn man weniger die Gäste als ihre Beiträge und die darin angesprochenen Themen betrachtet. Insgesamt haben wir in 112 Sendungen 8436 Redebeiträge identifiziert und codiert, also im Durchschnitt 75 pro Sendung. Die Analyse dieser Beiträge zeigt: Es wurde vor allem über politisch beschlossene Corona-Maßnahmen gesprochen. Fast 50 Prozent der Redebeiträge waren diesem Themenfeld gewidmet, das damit weit vor allen anderen liegt. Auf Platz 2 folgt das Thema »Impfkampagne/Impfstoff«, das Gegenstand von 14 Prozent aller Beiträge war. Eher wissenschaftliche Aspekte rund um die Pandemie – das Virus als solches oder das Pandemiegeschehen in Deutschland – spielten dagegen nur eine nachgeordnete Rolle.

Dabei prägt die Exekutivlastigkeit der Gäste die Diskussionen auch inhaltlich. Politiker:innen gerade aus der Exekutive haben ein Interesse daran, über die von ihnen beschlossenen Maßnahmen zu sprechen – und dafür zu werben. Bewertungen der Maßnahmen prägen die Debatte stark. Diese fallen in 68 Prozent der Fälle positiv aus; gerade die Bewertungen von Seiten der Vertreter:innen von Bundes- und Landesregierungen sind unisono positiv, während kritische Anmerkungen eher von Vertreter:innen aus Parteien und Fraktionen ohne Regierungsämter kamen – die allerdings zahlenmäßig seltener zu Gast waren.

Auch diese Fokussierung auf Maßnahmen ohne eine breitere Einbettung in die Funktionsweise des Virus und die Entwicklung des pandemischen Geschehens in Deutschland dokumentiert eine eingeschränkte, eher unterkomplexe Sicht auf die Dinge. Die geringe wissenschaftliche Fundierung der Diskussionen zeigt sich auch darin, dass in lediglich elf Prozent der Redebeiträge auf statistische Informationen zurückgegriffen wird. Was statistische Maßzahlen betrifft, so zeigt sich, dass vor allem auf die Zahl der Neuinfektionen Bezug genommen wird. R-Werte, Hospitalisierungsraten oder auch Todesfälle spielen dagegen eine sehr nachgeordnete Rolle. Das erscheint erneut problematisch, weil lediglich der Indikator für die Präsenz des Phänomens, nicht aber seine Ursachen und die Dynamik – etwa über den R-Wert – sichtbar werden. Dieses Muster bestätigt auch eine Studie von Marcus Maurer, Carsten Reinemann und Simon Kruschinski für weitere Medien.

Zusammengefasst zeigt dies, dass die Debatte über anspruchsvolle Themen zwischen Politik und Wissenschaft im Lichte der Öffentlichkeit unterkomplex bleibt. Zu erwarten ist, dass dies auch Folgen für den Informationsstand der Bevölkerung hat. Wie sollen Menschen etwas über das Virus und die Pandemie erfahren, wenn medial wenig dazu vermittelt wird? Die Unterstützung der Maßnahmen kann dann nur auf Vertrauen und weniger auf einem tiefen Verständnis der Zusammenhänge basieren. Genau diesem Aspekt wollen wir uns jetzt explizit zuwenden.

Rezeption und Wirkung des Corona-Diskurses in der Medienarena – Was kommt in der Bevölkerung an?

Spike-Proteine, mRNA-Impfstoffe, Aerosole, FFP2-Masken, R-Werte, 7-Tage-Inzidenzen, Hospitalisierungsraten – um das Virus, die Pandemie, ihre Entwicklung und ihre Eindämmung zu verstehen, brauchte es viele, auch immer wieder neue und in jedem Fall der

Öffentlichkeit zuvor gänzlich unbekannte Konzepte und Kennziffern. Dabei hatte schon der amerikanische Politikwissenschaftler Philipp Converse mit Blick auf den Wissensstand der Bevölkerung zu bedenken gegeben, »the mean level is very low but the variance is very high« – der Wissensstand sei sehr niedrig, die Varianz dagegen sehr hoch. Vor dem Hintergrund einer solchen, auch für Deutschland durchaus angemessenen Ausgangslage erscheint es fast heroisch anzunehmen, dass die Bevölkerung dem Pandemiediskurs problemlos würde folgen können, gerade auch vor dem Hintergrund der Tatsache, dass dieser – wie soeben gesehen – viele blinde Flecken hatte.

Und doch scheint gerade in Zeiten, in denen das Vertrauen in Institutionen – mit Blick auf Politik, Medien und Wissenschaft – zumindest in Teilen der Gesellschaft erodiert, ein tieferes Verständnis für die Hintergründe der pandemischen Entwicklung und den sich daraus ergebenden Herausforderungen und Handlungszwängen nötig. Um den Wissensstand der Bevölkerung und damit einhergehende Wahrnehmungen rund um die Pandemie zu beleuchten, können wir erneut auf empirische Ergebnisse – dieses Mal aus einer Bevölkerungsperspektive – zurückgreifen. Im Rahmen des vom Bundesministerium für Bildung und Forschung geförderten Projekts »RAPID-COVID: Receiving and Accepting Public Information Despite Polarization – Key to Overcoming COVID-19« haben wir ein repräsentatives Sample der deutschen Bevölkerung insgesamt vier Mal im Zeitraum zwischen Dezember 2020 und September 2021 befragt und dabei auch immer wieder aktuelle Wissensfragen rund um die Pandemie gestellt.[2] Alles in allem sind diese Ergebnisse eher ernüchternd:

- Im Dezember 2020 haben wir die Befragten mit der Aussage »Nur wenn die Reproduktionszahl R über einen längeren Zeitraum unter 0 liegt, geht die Zahl der Neuinfektionen zurück« konfrontiert und um Einschätzung ihrer Richtigkeit gebeten.

37 Prozent der Befragten geben dabei die richtige Antwort »falsch«,[3] 38 Prozent beantworten die Fragen mit »richtig« (und damit falsch), 25 Prozent geben offen an, die Antwort nicht zu kennen. Nach fast einem Jahr Pandemie kann demnach nur ein gutes Drittel diese – zugegebenermaßen nicht ganz einfache – Frage richtig beantworten.
- Im März 2021 haben wir diese Frage in unserer zweiten Befragungswelle erneut gestellt – dieses Mal mit etwas mehr Erfolg: 47 Prozent nennen die richtige Antwort »falsch« (28 Prozent »richtig«, 25 Prozent »weiß nicht«).
- Ebenfalls im März 2021 haben wir die Aussage »Zwischen der Ansteckung mit dem Coronavirus und dem Beginn der Erkrankung vergehen im Mittel 5 bis 6 Tage« in die Befragung integriert: 64 Prozent geben die richtige Antwort.
- »Die Impfstoffe von Biontech / Pfizer und Moderna sind mRNA-Impfstoffe, der Impfstoff von AstraZeneca nicht« – 47 Prozent der Befragten konnten die Richtigkeit dieser Aussage im März korrekt einschätzen.
- In unserer vierten Welle im September 2021 wussten zwar 69 Prozent der Befragten, dass die Delta-Variante des Coronavirus die zu diesem Zeitpunkt in Deutschland dominierende sei, allerdings wiesen nur 31 Prozent der Befragten die Aussage »Die Delta-Variante des Coronavirus wurde zuerst in Großbritannien entdeckt« als falsch zurück.

Differenzierte Betrachtungen nach gesellschaftlichen Gruppen fördern dabei zwar gewisse Unterschiede nach Alter, Geschlecht und Bildung zutage: Aber selbst in der Gruppe der Menschen mit formal hoher Bildung (also mindestens Fachhochschulreife) geben im Dezember 2020 nur 45 Prozent die richtige Antwort (»falsch«) bezogen auf den R-Wert; im März 2021 sind es 54 Prozent. Geringe Kenntnisse über die Pandemie sind alles in allem auch im zweiten Jahr einer omnipräsenten Pandemie sehr weit verbreitet – allerdings wurde etwa über den R-Wert auch wenig berichtet und diskutiert. Wie sollte es also auch anders sein?

Diese Kenntnisstände schlagen sich auch in den subjektiven Wahrnehmungen der Menschen nieder: »Die Informationen der Bundesregierung zu Corona sind leicht zu verstehen« – dieser Aussage stimmen in unseren Befragungswellen nie mehr als die Hälfte der Befragten zu – teils sogar mit rückläufiger Tendenz! Angemessen informiert über COVID-19 fühlen sich rund zwei von drei Befragten – jeder Dritte aber nicht. Der Aussage: »Die Statistiken in den Medien rund um die Pandemie finde ich oft verwirrend«, stimmen weniger als 30 Prozent der Befragten *nicht* zu. Objektiv wie subjektiv gibt es demnach weit verbreitete Verunsicherung und Unkenntnis über das Virus und die Pandemie, die noch dazu eng zusammenhängen: Wer objektiv weniger weiß, fühlt sich auch subjektiv weniger wissend. Und das wiederum – sowohl bezogen auf objektives Wissen als auch subjektive Informiertheit – bleibt nicht ohne Konsequenzen. Denn mit einem geringeren subjektiven Wissenstand gehen ein geringeres Maß an Vertrauen in die Politik, eine geringere Bereitschaft, die Maßnahmen zur Eindämmung der Pandemie zu unterstützen und auch eine geringere Impfbereitschaft einher. Nun wäre es sicherlich zu einfach zu sagen: Wüssten die Menschen mehr, wäre alles gut. Aber gleichwohl zeigt sich in der Gesamtschau, dass in Teilen der Gesellschaft ein geringeres Maß an Wissen und Informiertheit mit geringer Unterstützung von konkreten Maßnahmen, aber auch allgemeiner mit geringerem Vertrauen zusammenkommt.

So what?

Es wäre unrealistisch, vielleicht auch gar nicht wünschenswert, dass alle Menschen alles rund um die Pandemie wüssten. Es geht auch nicht darum, mit dem Finger auf jene zu zeigen, die ein geringes Wissen über die Pandemie an den Tag legen. Der Mannheimer Politikwissenschaftler Jan van Deth hat einmal mit Blick auf ein allgemeines politisches Interesse, das in der Bevölkerung auch eher mäßig hoch ist, gesagt: »Das Leben, nicht die Politik ist wichtig.« Das kann man aus guten Gründen auf die Pandemie oder auch auf Fragen der Wissenschaft übertragen. Man sollte sich keine Illusionen machen, was das Level an Interesse und Wissen in der Bevölkerung angeht – und das ist in einer modernen, hochgradig komplexen und arbeitsteilig organisierten Gesellschaft auch gut so. Und doch heißt Demokratie eben auch immer: Es braucht breite Unterstützung, es braucht Akzeptanz, sonst droht jederzeit Protest und Konflikt.

Was lernen wir nun aus alledem, gerade auch über den Tag hinaus? Die Pandemie hat uns innerhalb eines sehr kleinen, dichten Zeitraums von zwei Jahren vorgeführt, wie herausfordernd es sein kann, wenn Wissenschaft, Politik, Medien und Öffentlichkeit sich auf weitreichende, einschneidende Maßnahmen unter dem (Ein-)Druck einer existentiellen Krise verständigen und verabreden müssen. In dieser Verdichtung war dies ohne Zweifel außergewöhnlich – aber die Grundlogik finden wir so auch an anderen Stellen wieder, etwa beim Klimawandel. Auch hier stehen existentielle Fragen auf der Agenda, auch hier fordert die Wissenschaft einschneidende Maßnahmen, auch hier muss Politik gleichwohl abwägen und auch hier fällt die Unterstützung der Maßnahmen nicht unisono hoch aus. Skepsis ist da und sie lässt sich noch dazu von populistischen oder extremistischen Kreisen vereinnahmen. Die Situation mag sich im Vergleich zur Corona-Pandemie eher wie in Zeitlupe entfalten, in ihrer Struktur ist sie erschreckend ähnlich.

Gerade vor diesem Hintergrund der drängenden Probleme unserer Zeit, von denen die Corona-Pandemie nur eines ist, und einer auch weiterhin anzunehmenden Verzahnung von Wissenschaft, Medien und Politik in der Zukunft scheint es wichtig, dass alle drei Akteursgruppen sich der Tatsache bewusst sind, dass die Annahme wichtiger Beschlüsse unter anderem auch davon abhängt, dass die Menschen sie verstehen. Und dafür bedarf es eines gewissen Hintergrundwissens, wenngleich dies allein auch noch kein Garant für Akzeptanz ist. Trotzdem sind Wissen und Verständnis ein wichtiger Schritt auf diesem Weg. Dass es bezüglich der Vermittlung komplexer Themen in den Medien durchaus noch Optimierungsbedarf gibt, zeigt das Beispiel des Umgangs mit dem Thema Corona in politischen Talkshows klar und deutlich.

Anmerkungen

1 Unser Dank gilt Elena Kalter, Teodora Bibu, Anton Könneke, Teresa Reichelt, Lina Wollgast, Gergö Hornburg und Martin Müller, die uns bei der Codierung der Talkshows tatkräftig unterstützt haben.
2 Die Befragungen wurden als Onlinebefragungen von YouGov realisiert, aus deren Access Panel die Befragten nach einem bevölkerungsrepräsentativen Quotenplan auch rekrutiert wurden.
3 Der R-Wert kann definitionsgemäß nicht unter 0 liegen; für einen Rückgang der Zahl der Neuinfektionen muss er unter 1 liegen.

Viola Priesemann

Raus aus der akademischen Blase – die neuen Herausforderungen für die Wissenschaft im Umgang mit Öffentlichkeit und Medien

Interview von Sibylle Anderl

Sibylle Anderl: Frau Priesemann, Sie haben bei der Konferenz der Rudolf Augstein Stiftung gesagt, dass die Wissenschaft keine Verpflichtungen gegenüber der Politik hat. Hat sie denn Verpflichtungen gegenüber der Öffentlichkeit?
Viola Priesemann: Diese Aussage war ja damals die provokante Antwort auf eine provokante Frage, insofern war das kein eigenständiges Statement. Ja, welche Verpflichtungen hat Wissenschaft? Das ist eine schwierige Frage. Ich kann da nur über mich persönlich sprechen, und ich bin natürlich der Öffentlichkeit extrem dankbar dafür, dass sie mir die wissenschaftliche Forschung in dieser Unabhängigkeit ermöglicht. Das ist einer der Gründe, warum ich Öffentlichkeitsarbeit in der Covid-Pandemie mache: Weil ich etwas zurückgeben möchte.

Das ist ja tatsächlich nicht immer nur angenehm. Im Oktober veröffentlichte die Fachzeitschrift Nature *einen Artikel, der auf einer Umfrage unter Wissenschaftler:innen basierte, die während der Pandemie in der Öffentlichkeit standen. Gefragt wurde nach den Folgen dieser Sichtbarkeit. Die Mehrheit berichtete von negativen Erlebnissen, 15 Prozent sogar von Todesdrohungen. Wie war Ihre Erfahrung mit der öffentlichen Sichtbarkeit?*

Die Pandemie ist ein Thema, von dem wir uns alle wünschen, dass es nicht da wäre. Es ist eine Krise, und diese ist für viele Menschen eine immense Belastung. Viele machen sich Sorgen. Von diesen Menschen bekomme ich E-Mails, und die landen komplett ungefiltert in meinem Postfach. Ich lese die, weil es mir wichtig ist, die Breite der Meinung zu sehen. Aber es ist etwas, von dem man von Zeit zu Zeit auch ein bisschen Abstand braucht, weil es ja sehr viele Einzelschicksale und oft auch sehr intensive Auseinandersetzungen mit dem Thema sind. Aber definitiv nicht alle Zuschriften sind höflich, manche sind auch sehr distanzlos, andere dafür konstruktiv und positiv. In meinem persönlichen Leben habe ich zum Glück keine Angriffe in irgendeiner Form erlebt. Die virtuelle Welt ist da natürlich etwas anderes, aber die ist glücklicherweise weiter weg.

Es scheint so, als wären Wissenschaftler:innen zumindest in einigen Teilen der Gesellschaft in zunehmendem Maß mit Misstrauen konfrontiert. Die Angst vor einer »Expertokratie« wurde immer wieder artikuliert. Und das, obwohl Wissenschaftler:innen gerne betonen, dass sie objektiv an die Dinge herangehen. Dass sie nur Wenn-dann-Szenarien anbieten und den Leuten eben nicht sagen, was sie tun sollen. Das ist zumindest das Ideal von Wissenschaft, und an vielen Stellen funktioniert sie auch so. Aber gleichzeitig muss man sagen: Auch in der Forschung gibt es an vielen Stellen Abwägungsprozesse. Etwa, wenn man fragt: »Reicht die verfügbare Evidenz, um eine bestimmte Hypothese für zutreffend zu halten?« Und wenn es um Abwägungen geht, ist es mit dem Ideal der Objektivität nicht mehr ganz so einfach. Dann kann ein Einfluss persönlicher Interessen der Wissenschaftler:innen vielleicht tatsächlich nicht immer ausgeschlossen werden.

Zuvorderst ist es klar die Aufgabe der Wissenschaft, die Wissensgrundlage zu liefern. Auf dieser Basis nehmen die Politik und die Gesellschaft eine Güterabwägung vor. Ist Wissenschaft also komplett unpolitisch? Das sicherlich nicht, denn schon die Auswahl eines Forschungsthemas hat eine politische Konnotation. Es gibt also nicht nur die Frage, ob Forschung neutral ist oder objektiv, sondern es geht auch um die Frage, ob sie apolitisch ist. Und das ist sie mal mehr, mal weniger. Der zweite wichtige Punkt ist aber, dass wir in der Wissenschaft die Möglichkeit haben, unser Herangehen zu objektivieren. Wenn ich zum Beispiel ein Bayes'sches Modell aufbaue, muss ich absolut kristallklar formulieren, was meine Annahmen sind, und was ich unter diesen Annahmen herausfinde.

... ein Bayes'sches Modell beinhaltet Statistik, die den Einfluss der eingehenden Annahmen quantifizierbar und damit sichtbar macht.
Genau. Damit erzeugt man diese Wenn-dann-Szenarien, die Sie angesprochen haben. Das sehe ich als Objektivierung der Wissenschaft: Dass man den Stand des Wissens, die Unsicherheiten und die Annahmen glasklar aufschreibt und kommuniziert. Damit kann man dann verschiedene alternative Szenarien berechnen. Wenn all diese Szenarien zu ähnlichen Ergebnissen führen – zum Beispiel, dass man früher oder später einen Lockdown braucht, um eine Überlastung zu vermeiden – dann ist das mehr als nur zu sagen: Ich glaube, wir brauchen jetzt einen Lockdown. Das ist ein entscheidender Punkt: Dass man die Annahmen und Unsicherheiten klar darlegt und auch mathematisch ausrechnen kann, was aus ihnen folgt. Manchmal sind die Ergebnisse der Szenarien dann recht eindeutig, manchmal überwiegt die Unsicherheit.

Aber müsste man diese methodischen Punkte nicht noch viel stärker in die Öffentlichkeit bringen? So dass klar wird, dass es zwar potenziell interessenanfällige Annahmen in der Wissenschaft gibt, man aber versucht, diese Annahmen so explizit zu formulieren, dass man sie kritisch diskutieren kann.
Ja, das ist sehr wichtig. Die Öffentlichkeit hat in der Pandemie viel gelernt und eng mitbekommen, was theoretische Arbeiten

können und was nicht. Es gibt ein Beispiel, das ich angesichts seiner Anschaulichkeit immer sehr gerne bringe: Wir alle kennen die Wettervorhersage. Das entspräche bei Covid der Vorhersage von Fallzahlen, und wir haben die Klimaforschung – dem entspräche das Ziel, die grundlegenden Mechanismen der Pandemie zu erforschen. Wenn ich diese Mechanismen verstehe, dann weiß ich auch systematisch, wie ich eingreifen kann und so etwa eine Welle verkürzen oder verkleinern kann, oder unter welchen Umständen ich eben auch Überlastungen riskiere. Aber es geht nicht darum, genau zu sagen, wann welcher Peak der Infektionszahlen auftritt. Genau diesen Unterschied zwischen Klimaforschung und Wettervorhersage zu verstehen, das ist schon einmal ein ganz wichtiger Punkt. Der zeigt auch, welche Unsicherheiten wir bei den längerfristigen Vorhersagen haben. Nichtsdestotrotz: Wenn es um das Klima geht, dann weiß ich, dass mit erhöhter CO_2-Konzentration die Temperatur steigt, und vor allem warum das der Fall ist. Ähnlich ist es bei Covid. Aber was Modelle können, was sie nicht können und wo ihre Grenzen sind, das ist einer der Artikel, den ich schon lange mit Kolleg:innen schreiben wollte.

In meinem Beitrag in diesem Band »Das Modellzeitalter« habe ich das übrigens versucht. Wir haben jetzt über die Annahmen gesprochen, die man explizit darlegen und in ihrer Wirkung studieren kann, etwa wenn man in einem Modell eine konkrete Infektiösität Geimpfter annimmt. Trotzdem existiert die Sorge, dass bei der Interpretation von Forschungsergebnissen die persönlichen Interessen der Wissenschaftler:innen intransparent auf ihre Empfehlungen einwirken könnten – etwa Einflüsse aus deren privatem Umfeld, oder der Wunsch nach Aufmerksamkeit. Da wäre denkbar, dass eine gewisse Voreinstellung dazu führt, dass man manche Arbeiten besonders stark hervorhebt und andere nicht, wenn man beispielsweise den aktuellen Forschungsstand zusammenfasst.

Dazu gibt es sicherlich systematische Forschung. Wenn ich selbst dazu etwas sagen sollte, würde ich zuerst hervorheben, dass ich keine intransparenten, persönlichen Interessen im klassischen Sinne bei meinen Kolleg:innen wahrnehme. Unser gemeinsames Interesse ist, die Pandemieentwicklung zu verstehen und das Wissen transparent darzulegen. Um dieses Wissen bestmöglich herauszukristallisieren und mögiche unbewusste Aspekte zu verringern, habe ich interdisziplinäre Stellungnahmen organisiert, in denen wirklich viele Forscher:innen zusammentragen, was das gesicherte Wissen ist. Es ist dabei auch wichtig, das gesicherte Wissen klar zu trennen von der Einordnung oder möglicherweise einer Empfehlung. Dank dieser gemeinsamen Arbeiten habe ich dann bei zentralen Fragen nicht als Einzelperson gesprochen, sondern basierend auf der Diskussion in der Gruppe. Auch deswegen tausche ich mich auf europäischer Ebene sowohl mit vielen Kolleg:innen anderer Fachrichtungen aus, als auch innerhalb der Gruppe der Modellierer:innen. Jede Person hat dort ihre eigenen, unabhängigen Ansätze für die Modelle und auch verschiedene Abstraktionsniveaus – von sehr detaillierten agentenbasierten bis zu sehr abstrakten Modellen. Und da stimmen wir natürlich auch ab, ob die Ergebnisse trotz der unterschiedlichen Ansätze konsistent sind oder nicht. Wenn es relevante Abweichungen gibt, diskutieren wir, woran das liegen könnte. Durch diese Abstimmung kommen wir einen Schritt näher an die Objektivität heran.

Das ist ein wichtiger Punkt, den man wohl immer wieder vermitteln muss: Es geht nicht darum, dass einzelne Wissenschaftler:innen objektiv und frei von Interessen sein müssen, sondern dass das wissenschaftliche System bestimmte Strukturen herausgebildet hat, die die Objektivität der Forschungsergebnisse sicherstellen sollen.

Ja, da können wir als Beispiel den Review-Prozess, also die Begutachtung von Forschungsergebnissen, nehmen. Allerdings brauchen wir die Ergebnisse zu Covid manchmal, bevor der Review-Prozess abgeschlossen ist. Und deswegen parallelisieren wir das. Deswegen organisiere ich solche gemeinsamen Stellungnahmen. Anstatt allein ein Forschungspapier zu schreiben und von drei Kolleg:innen begutachten zu lassen, schreiben wir das mit 20 bis 30 Leuten und begutachten uns dadurch schon gegenseitig. Und wenn das Resultat einen Konsens von über 30 Leuten aus verschiedenen Fachbereichen und Ländern darstellt, dann ist das schon eine recht solide Basis. Ähnlich machen wir das mit den Modellen auch. So können wir den Begutachtungsprozess ein Stück weit ersetzen, ohne dass wir diesen wahnsinnigen Zeitverzug haben, den das Verfahren ansonsten hat.

Die Frage nach der Objektivität der Forscher:innen stellt sich ja auch deshalb, weil es immer Wissenschaftler:innen gibt, die dann doch offensichtlich irgendeine spezielle Agenda verfolgen. Wenn etwa bestimmte Professor:innen nachweislich Falschinformationen verbreiten und angesichts ihres akademischen Titels trotzdem von vielen ernst genommen werden. Das erzeugt dann den Anschein einer Kontroverse innerhalb der Wissenschaft, obwohl es sich nur um einzelne von einem ansonsten bestehenden Konsens abweichende Meinungen handelt. Im schlimmsten Fall kann sich jeder den Experten oder die Expertin heraussuchen, der oder die am besten zur eigenen Einstellung passt.

Das Problem der *false balance* und der Einzelmeinungen ist in der Öffentlichkeit ja nun recht gut bekannt und wird zum Beispiel auch in einem Positionspapier des deutschen Wissenschaftsrates behandelt. Auch um dem entgegenzuwirken, ist es wieder wichtig, die Rolle des Review-Prozesses zu betonen. Er sorgt normalerweise dafür, dass so etwas zu einem gewissen Grade abgefangen wird. Natürlich ist auch dieser Prozess nie perfekt, aber Fachkolleg:innen können das oft recht gut einordnen. Und ich kann nur noch einmal wiederholen: Genau deswegen sind in Krisenzeiten Stellungnahmen mit einigen Dutzend Autor:innen mit der notwendigen fachlichen Expertise wichtig.

Eine wirklich befriedigende Lösung ist das allerdings nicht, wenn entsprechende isolierte Wissenschaftler:innen trotzdem Extremmeinungen verbreiten können. Haben Sie eine Idee, wie man mit dem Problem sonst noch umgehen kann? Es ist ja ein echtes Dilemma, dem man hier begegnet.
Das ist ein großes Dilemma, weil man in so einer aufgeladenen Situation ja keinen »Virolog:innen-Streit« vom Zaun brechen möchte, der ja dann noch massiv in den Medien ausgetragen würde. Natürlich gab es zwischendurch auch Überlegungen, inwiefern man in solchen Fällen eine Klarstellung zusammen mit vielen Kolleg:innen macht, damit man sich nicht als Einzelperson streitet. Aber dadurch, dass es keine offiziellen Strukturen für solch ein Vorgehen gibt, wurde das nicht systematisch angegangen.

Und wenn Wissenschaftler:innen sich streiten, sind das in der Tat Geschichten, die medial gern erzählt werden. Da würde sich guter Journalismus dadurch auszeichnen, so etwas nicht unnötig zu überzeichnen.
Der Streit, den ich in den Medien gesehen habe, entsprach meistens gar nicht der eigentlichen wissenschaftlichen Auseinandersetzung. Bei dem öffentlichen Streit gab es vor allem Missverständnisse oder Zuspitzungen, und letztendlich verloren alle Seiten.

Wie sieht denn der wissenschaftliche Streit im Unterschied zum öffentlichen aus?
Das ist eine wichtige Frage: Was ist Streit, oder besser, wie funktioniert die Diskussion in der Wissenschaft? Für viele wissenschaftliche Fragen gibt es eine »wahre« Antwort, auch wenn man sie oft

nicht mit gewünschter Präzision kennt. Wie groß ist der Durchmesser der Erde? Wie schwer ist ein Elektron? Nehmen wir bei COVID zum Beispiel die Infektionssterbewahrscheinlichkeit. Die ist altersabhängig seit Sommer 2020 sehr gut bekannt. Wenn dann jemand einen Faktor 5 daneben legt, dann entspricht das nicht der akutellen Studienbasis. Da gibt es manchmal Auseinandersetzungen, wenn sich etwa Leute auf alte Daten beziehen oder bestimmte Annahmen machen. Häufig können diese Widersprüche aufgelöst werden, wenn man genau nach den Annahmen fragt: Bezieht man sich auf die mittlere Infektionssterblichkeit für Deutschland, oder für die der Weltbevölkerung? Für die Weltbevölkerung ist der Wert niedriger, weil die Altersverteilung jünger ist. Das erklärt schon einen der Unterschiede. In der öffentlichen Diskussion ist oft nicht genug Zeit, um nach all diesen Parametern zu fragen. Nehmen wir als zweites Paradebeispiel die Diskussion des Sommers 2021: »Schützt eine Impfung gegen Infektion: ja oder nein?« – Entlang dieser Trennlinie hat sich die Diskussion um Lockerung der Maßnahmen entwickelt. Da hat die eine Gruppe gesagt: »Wir brauchen für Geimpfte keine Einschränkung der Bürgerrechte mehr.« Die anderen haben gesagt: »Natürlich tragen die Geimpften zum Infektionsgeschehen bei, sie sollen bitte weiter Masken tragen.« Und das ist ganz klar ein Streit gewesen, der gar nicht den wissenschaftlichen Disput oder die wissenschaftliche Diskussion dargestellt hat. Die wissenschaftliche Fragestellung war eine ganz andere: Wie gut hilft die Impfung gegen eine Infektion? Wie lange hält das an? Unter welchen Umständen, wie lange, in welchem Alter, bei welchen Vorerkrankungen, Virusvarianten und so weiter. Wenn man das alles berücksichtigt, sieht man, wie komplex die Frage ist. Dann ist die Antwort eben nicht ein Ja oder ein Nein, sondern ein »wieviel und unter welchen Bedingungen«. Unsere Frage war: Wie gut ist der Impfschutz in Abhängigkeit von den wichtigen Faktoren? Und dieser Disput oder diese Fragestellung, an der aktiv gearbeitet wurde, das würde ich gar nicht als

Streit bezeichnen, sondern als eine gemeinsame Wissenssuche. Die ist gar nicht bis in die Medien gekommen, weil dort nur diskutiert wurde, ob die Impfung nun gegen Ansteckung schützt oder nicht. Die differenzierte Frage nach dem Wieviel ist überhaupt nicht gestellt worden damals.

Das ist ein schönes Beispiel, weil es das illustriert, was ich vorhin schon angesprochen hatte: Man hat eine schwer zu beantwortende Frage mit vielen Unsicherheiten, bei der man vielleicht unterstellen könnte, dass eine Wissenschaftlerin, die sowieso eher vorsichtig ist, zum Behalten der Masken raten würde. Und eine, der die Maßnahmen auf die Nerven gehen, das ganz anders interpretieren würde. Als gewissenhafte Wissenschaftler:innen würde man dann also weder das eine noch das andere sagen, sondern: »Wir haben da eine Unsicherheit, es ist eine Abwägung.« Aber wenn die Öffentlichkeit einfache und eindeutige Aussagen erwartet, mag das Forscher:innen dazu bewegen, die neutralere, »interesselosere« Position aufzugeben. Ein interessanter Aspekt.
Zentrale Aufgabe der Wissenchaft ist deswegen aus meiner Sicht, die Frage nach dem »Wieviel« zu beantworten und nicht die nach »Ja« oder »Nein«. Außerdem ist es eine gute Tradition in der Wissenschaft, die Ergebnisse ganz klar von der Interpretation zu trennen. Danach ist es dann Aufgabe der Politik, die Güterabwägung vorzunehmen.

Wissenschaftliche Aussagen sind praktisch immer mit Unsicherheit verbunden. Es ist so, dass man oft keine völlig klaren Ansagen aus der Wissenschaft bekommt. Diese Tatsachen kann man von außen sehr gut nutzen, um die Wissenschaftler:innen zu diskreditieren. Denn man kann es einfach darstellen als: »Die wissen es gar nicht richtig. Der eine sagt das eine, die andere sagt das andere.« Als gute Journalist:innen sollten wir natürlich vermeiden, auf unfaire Weise die Glaubwürdigkeit von Wissenschaftler:innen zu untergraben.

Schließlich ist klar, dass öffentliche Verfügbarkeit wissenschaftlichen Wissens eine wichtige Voraussetzung dafür ist, dass Demokratie richtig funktioniert. Denn die Bevölkerung braucht ja dieses Wissen, um Entscheidungen im eigenen Interesse treffen zu können. Ich glaube, dass das viele Medienhäuser in der Pandemie auch im Blick gehabt haben, und versucht haben, nicht unfair zulasten der Wissenschaftler:innen Quote zu generieren. Gleichzeitig muss ich sagen, dass es auf Seiten der Wissenschaftler:innen auch immer wieder gewisse Empfindlichkeiten und gerne auch Medienschelte gegeben hat – teilweise berechtigt, teilweise aus meiner Sicht auch unberechtigt. Was sich auf jeden Fall gezeigt hat: Es gibt eine grundlegende Differenz zwischen Wissenschaft und Journalismus, die insbesondere dann auffällt, wenn es etwa um die richtige Balance zwischen Genauigkeit einerseits und Griffigkeit oder Massentauglichkeit andererseits geht – was auch die Frage betrifft, welche und wie viele Menschen man erreichen will. Meine These wäre, dass sich Wissenschaftler:innen manchmal ein bisschen mehr auf die Kompetenz der Medienvertreter:innen verlassen könnten. Dass manche Zuspitzung und die Auslassung mancher Nuancen sogar sinnvoll sein kann, wenn man dadurch mehr Menschen mit den notwendigen Informationen erreicht.

Ich sehe da eigentlich keinen Spielraum, was die Korrektheit angeht. Eine Zuspitzung hilft vielleicht kurzfristig für die Reichweite. Langfristig untergräbt es das Vertrauen. Von den Medienvertreter:innen wünsche ich mir dann, dass sie ihre Kompetenz nutzen, um die Sachverhalte klar, einfach und immer noch korrekt darzustellen und sie einzuordnen. Um ein Beispiel zu nennen: Nehmen wir ein Modell mit verschiedenen Szenarien. Es ist einfach, das pessimistischste Szenario herauszugreifen und eine Headline zu generieren, in der steht »es gibt bis zu X Tote«. Das zieht. Es führt aber bei vielen Leser:innen auch zu Skepsis und Polarisation. Das Mindeste, was ich mir da wünsche, ist, dass dieses »bis zu« nicht alleine stehen bleibt, sondern dass mindestens genauso der Mittelwert, also das wahrscheinliche Szenarium, mit kommuniziert wird. Das wird manchmal vergessen oder steht weit unten hinter der Paywall. Eine soche Kommunikation finde ich relativ unglücklich, denn der Extremwert hilft wenig. Der kann ja fast beliebig sein. Nehmen wir die Größe von Menschen. Der Mensch kann bis zu 2,52 Meter groß werden – wenn ich den Extremwert als Grundlage nehme, dann ist es leicht zu behaupten, alle Krankenhausbetten seien zu klein. Man braucht für die korrekte Einordnung typischerweise auch den typischen Mittelwert.

Gut, das Problem verstehe ich, und das sollte man journalistisch auch im Auge haben. Aber die Frage nach dem Umgang mit Paywall-Artikeln in der Pandemie macht natürlich noch einmal eine ganz andere große Diskussion auf, die ebenfalls keine einfachen Lösungen besitzt. Denn natürlich muss der Journalismus Geld verdienen, da gibt es im Normalfall keine öffentliche Finanzierung.
Ja, das ist schwierig. Das andere Problem, das ich sehe, ist die Personalisierung. Beim Personalisieren muss man berücksichtigen, dass Politiker:innen und andere Prominente es selber gewählt haben, eine Person des öffentlichen Interesses zu sein. Ich als Wissenschaftlerin habe das nicht. Ich mache das aus einem gewissen Verantwortungsbewusstsein. Ich hoffe, dass dieser Unterschied beim Personalisieren mit beachtet wird. Es sind ja Felder mit verschiedenen Spielregeln. Wenn es nach mir ginge, würde ich viel lieber anonym kommunizieren, wenn es in irgendeiner Form möglich wäre.

Aber wenn Verantwortungsbewusstsein ein Antrieb ist, wäre es nicht doch etwas, das man in Kauf nehmen könnte, wenn sich auf diese Weise bestimmte Botschaften und Informationen besser verbreiten ließen?
Das ist genau der Punkt. Viele Kolleg:innen meiden die Öffentlichkeit deswegen, und es ist sehr schade, dass wir auf deren weise Stimmen verzichten müssen.

Dann kommen wir zurück zur Frage der Motivation, warum man an die Öffentlichkeit geht. Dazu gehört doch auch die Tatsache, dass Wissenschaftler:innen Informationen besitzen, die der Bevölkerung nutzen, und die sie deshalb teilen wollen.

Da fände ich es ganz wunderbar, wenn einfach das Paper zitiert wird: »Ein Artikel in Journal X sagt das und das.« Das fände ich viel besser.

Aber ist dann nicht wieder das Problem, dass ein großer Teil der Bevölkerung durch solchen Journalismus gar nicht erreicht wird?

Das weiß ich nicht, ich bin keine Medienwissenschaftlerin. Aber das ist meine subjektive Einstellung zur Frage der Personalisierung. Ich kann mir gut vorstellen, dass es auch viele Leser:innen gibt, die eine ausgewogene, objektive Berichterstattung ohne Zuspitzung und Personalisierung sehr schätzen.

Mir ging es vorhin vor allem um meinen Eindruck, dass manche Wissenschaftler:innen vielleicht einen zu hohen Anspruch an die wissenschaftliche Korrektheit der Informationen haben, die sie teilen. Meine Erfahrung ist, dass vielleicht auch gerade bei den jungen Wissenschaftler:innen die Angst groß ist, etwas Falsches zu sagen. Dann ist man lieber fachlich völlig auf der sicheren Seite und dafür wenig verständlich, als dass man an manchen Stellen möglicherweise zu sehr vereinfacht.

Ich versuche, beim Thema Korrektheit keinen Spielraum zu lassen. Das ist nicht einfach. Es gibt Unsicherheit, es gibt mehr Abstraktion, es gibt neue Erkenntnisse – aber die Aussagen müssen aus meiner Sicht den Stand des Wissens und Unwissens korrekt widerspiegeln. Man könnte hier fragen, warum ist das so wichtig? Und das führt uns zu dem Thema Vertrauen. Viele Bereiche der Wissenschaft sind in Bezug Methodik, Datenanalyse, Statistik oder Modelle sehr komplex. Es gibt extrem wenige Fachkolleg:innen, die wirklich nachvollziehen können, ob das Schritt für Schritt genau so korrekt ist. Und um das in allen Details nachzuvollziehen, bräuchten diese Personen oft sehr viel Zeit und die entsprechenden experimentellen Möglichkeiten. Da es praktisch nicht möglich ist alles zu prüfen, haben wir etwa den Review-Prozess und vieles andere zur Kontrolle. Aber natürlich spielt auch Vertrauen eine wichtige Rolle: Dass meine Modelle korrekt sind oder dass ich meine Datenanalyse sehr sorgfältig mache. Dass ich die Standards der Wissenschaft befolge. Wenn sich nun eine Wissenschaftlerin oder ein Wissenschaftler öffentlich äußert, dann wird es auch von den Kolleg:innen gelesen. Und wenn das nicht korrekt und nicht nachvollziehbar ist, dann werden die sich fragen: »Was hat denn der oder die gemacht? Die hat ja wahnsinnig unsorgfältig gearbeitet.« Das heißt, meine Reputation als Wissenschaftlerin unter meinen Kolleg:innen leidet. Und das ist wahrscheinich der Kulturkonflikt, der zwischen Wissenschaft, Journalismus und Öffentlichkeit stattfindet. Ich bin in allererster Linie Wissenschaftlerin und ich brauche vor allen Dingen meine Reputation in meiner Community. Und wenn die dadurch leidet, dass man in der Öffentlichkeit nicht korrekt wiedergegeben wird, dass Aussagen verkürzt oder zugespitzt oder aus dem Kontext genommen werden, dann ist es ein größeres Problem für die Wissenschaftlerin oder den Wissenschafler.

Aber ist das nicht merkwürdig, wenn Wissenschaftler:innen sich gegenseitig in den Medien so zuhören, als würden sie zu einem Fachpublikum sprechen? Wenn sie nicht differenzieren, wer die intendierte Zielgruppe einer Aussage ist?
Das ist mein Anspruch, den ich habe, wenn ich an die Medien gehe: Dass es zwar nicht die Detailtiefe hat, aber genauso korrekt ist, wie wenn ich vor einem Fachpublikum spreche. Die Kunst ist, und das können viele Wissenschaftsjournalist:innen wirklich exzellent, die Komplexität so herunterzubrechen, dass der Inhalt trotzdem noch korrekt ist. Und die Zeit muss man investieren.

Und für mich als Wissenschaftlerin steht die Korrektheit absolut über der Klarheit. Da will ich keine Kompromisse machen.

Ich finde es wirklich interessant, dass das Vertrauen der Kolleg:innen hier so eine wichtige Rolle spielt. Ich hätte vermutet, dass sich das vor allem auf der Grundlage von Auftritten bei Fachkonferenzen oder informellen Briefwechseln oder tatsächlich auch aufgrund der Qualität der Veröffentlichungen bildet.

Klar spielen die Publikationen und Fachvorträge eine zentrale Rolle. Aber das ist kein Grund, die Präzision der Aussage auch in der Öffentlichkeit zu vernachlässigen. Und in der COVID-Krise hat die öffentliche Kommunikation natürlich noch einen ganz anderen Stellenwert, weil die Ergebnisse dort teilweise öffentlich diskutiert und gebraucht werden, bevor sie den gesamten Review Prozess durchlaufen haben. Klar, in einem Interview ist man natürlich ein bisschen abstrakter. Im Idealfall gibt es die Details in einem verlinkten Preprint, also einer Vorabveröffentlichung, die unter Review ist. Durch diese Zeitraffung ist gerade im Kontext von COVID das Vertrauen so wichtig.

Trotzdem: Ist es nicht eine Gefahr, wenn man daraufhin bestimmte Zielgruppen abhängt? Es geht ja auch um das Vertrauen der Zuhörer:innen, die sich als Adressaten ernst genommen fühlen müssen.

Ich stehe nach wie vor zur wissenschaftlichen Korrektheit und bemühe mich sehr darum. Ich glaube, das Problem und die Kommunikationslücke, die sich ergibt, kommt an einer anderen Stelle rein. Es gibt Bereiche, da gibt es viel Unsicherheit und das muss man akzeptieren. Auf viele Fragen gibt es auch noch keine präzise Antwort, vielleicht wird es sie auch nicht geben. Aus der Intuition und Erfahrung könnte man als Wissenschaftler oder Wissenschaftlerin vielleicht etwas zu bestimmten Fragen sagen. Aber wenn es dazu keine solide wissenschaftliche Arbeit gibt, muss man dann die Öffentlichkeit manchmal in der Unsicherheit belassen, weil man dazu nicht spekulieren will – oder man muss den Unterschied sehr klar machen. Vielleicht sucht die Öffentlichkeit manchmal eine Sicherheit, die einfach gar nicht da ist. Und es wäre fatal, eine falsche Sicherheit zu suggerieren, weil man dann später vielleicht wieder zurückrudern muss.

Ein anderer Punkt: Ich habe den Übergang aus der Wissenschaft in die Medien ja selbst erlebt. Was mir dabei besonders aufgefallen ist, ist, wie unterschiedlich die Zeitskalen in den verschiedenen Welten sind. Im Journalismus muss alles ganz schnell gehen. Und natürlich hat man auch die Zielgruppe sehr klar im Kopf. Es ist eben nicht so, dass man für die Wissenschaftsgemeinde schreibt, sondern man hat je nach Medienhaus verschiedene Menschengruppen vor Augen. Und ich glaube, dass an diesen Stellen Reibungspunkte entstehen, wenn es zum Kontakt zwischen den Medien und der Wissenschaft kommt. Aufgrund dieser beiden Punkte, also der Arbeitsgeschwindigkeiten und der Zielgruppenabhängigkeit, tun sich Wissenschaftler:innen meiner Erfahrung nach manchmal schwer damit, sich in die Position der Medienvertreter:innen hineinzudenken.

Sicherlich sind hier zwei Kulturen aufeinander getroffen, die die Spielregeln oder Gepflogenheiten der jeweils anderen nicht gut kannten. Bezüglich der Zeitskalen: Die Journalist:innen möchten natürlich gern heute, spätestens morgen eine Antwort haben. Als Wissenschaftlerin denke ich über eine Antwort ganz gern solange nach, bis ich eine gute Antwort habe. Und das kann manchmal Tage oder Wochen dauern.

Und genau das funktioniert medial wieder nicht, denn in paar Wochen interessiert sich vielleicht keiner mehr dafür.
Es gibt aber auch Beispiele, bei denen man durchaus länger hätte nachdenken und recherchieren können.

Wahrscheinlich muss man auf beiden Seiten die Bereitschaft entwickeln, aufeinander zuzugehen. Da müssen vielleicht Wissenschaftler:innen doch auch manchmal schneller werden und Medienvertreter:innen vielleicht manchmal weniger hektisch.

Wir müssen uns Gedanken machen, was Standards wären, so dass man sich gut treffen kann, ohne dass man die eigenen Prinzipien verletzen muss. Da ist noch viel Diskussionsbedarf.

Gibt es denn irgendein Zwischenfazit für Sie aus Ihren Erfahrungen der bisherigen zwei Jahre? Einen Tipp für andere Wissenschaftler:innen oder einen Wunsch an die Medienvertreter:innen?

Vielleicht ist der Tipp, sich einzulassen auf die Kommunikation, aber klar Nein zu sagen, wenn man etwas nicht öffentlich kommunizieren möchte, oder wenn man zu einer Frage nichts sagen kann. In Richtung Journalismus gibt es viele Dinge, die schon recht gut funktionieren. Es ist eine gute Tradition, dass Quellen verlinkt werden. Gerade im Online-Journalismus ist das ja wunderbar möglich. Ich finde es ganz wichtig, die Eigenarten der Wissenschaftler:innen zu berücksichtigen. In der Wissenschaft gibt es eine große Bereitschaft, das Wissen auch wirklich zu teilen. Und das ist natürlich etwas anderes, als wenn man eine Politiker:in interviewt. Da möchte man vielleicht doch noch mal ein bisschen mehr über die zukünftigen Pläne rauskitzeln. Diese Unterschiede sollten den Interviewstil beeinflussen. Man muss außerdem sehen, dass die meisten Wissenschaftler:innen keine Medienprofis sind. Man kann Wissenschaftler:innen mit den entsprechenden Techniken sehr gut aufs Glatteis führen. Aber die Konsequenz ist dann ein Vertrauensverlust, und weniger Wissenschaftler:innen werden die Bereitschaft haben, sich öffentlich zu äußern. Ein Wunsch, den ich habe, ist ganz klar das Trennen der Fakten und der Diskussion oder Implikation. COVID ist auch ein politisches Thema, es hat massive politische und gesellschaftliche Implikationen. Umso mehr muss man ganz klarmachen, was die Faktengrundlage ist, welche Unsicherheiten es in Bezug auf die Fakten gibt, und klar abgrenzen, welche Aspekte wir noch nicht verstehen. Klar getrennt davon kann dann auch über die Schlussfolgerungen gesprochen werden. Eine solche Trennung und Sorgfalt könnte mehr Ruhe in die Debatte bringen. Und schließlich wäre es wichtig, extreme, polarisierende Aussagen zu vermeiden, und statt dessen die typischen Werte, die Mittelwerte, in den Fokus zu rücken.

Das alles impliziert wohl auch, dass man der Öffentlichkeit noch viel, viel genauer erklären muss, wie Wissenschaft funktioniert.
Ja. Und auch innerhalb des Journalismus kann eine noch engere Vernetzung zwischen den verschiedenen Ressorts hilfreich sein. Wir haben in vielen Medienhäusern exzellenten Wissenschaftsjournalismus, der alle Ressorts mit der aktuellen Wissensgrundlage versorgen kann. Diese Zusammenarbeit ist sehr wichtig bei Corona. Für das Thema Klimawandel wird das ja noch viel wichtiger werden.

Biografien der Beiträger:innen

Sibylle Anderl, geboren 1981, absolvierte ein Doppelstudium in den Fächern Physik und Philosophie in Berlin, um dann in Bonn im Fach Astrophysik zu promovieren. Bis Ende 2016 erforschte sie in Grenoble die Entstehung von Sternen und arbeitete parallel zu Themen der Wissenschaftsphilosophie. Seit 2017 ist sie Redakteurin im Feuilleton der *Frankfurter Allgemeinen Zeitung*, seit 2021 leitet sie dort das Ressort Natur und Wissenschaft. 2017 erschien von ihr *Das Universum und ich: Die Philosophie der Astrophysik*. Seit 2021 ist sie Mitherausgeberin der Kulturzeitschrift *Kursbuch*. Zudem moderiert sie auf ARD-alpha verschiedene Wissensformate.

Jakob Augstein, geboren 1967, ist Publizist und Verleger der Wochenzeitung *der Freitag*.

Dr. Alexander Bogner, ist Privatdozent für Soziologie an der Universität Wien und arbeitet am Institut für Technikfolgen-Abschätzung der Österreichischen Akademie der Wissenschaften. Er war von 2017 bis 2019 Professor für Soziologie an der Universität Innsbruck und ist seit 2019 Präsident der Österreichischen Gesellschaft für Soziologie. Momentan leitet er ein Projekt, das Politikberatungsprozesse in der Corona-Krise international vergleichend untersucht (EPISTEMIS). Sein Buch *Die Epistemisierung des Politischen. Wie die Macht des Wissens die Demokratie gefährdet* ist 2021 bei Reclam erschienen.

Prof. Dr. Thorsten Faas, geboren 1975, ist Professor für Politikwissenschaft am Otto-Suhr-Institut der Freien Universität Berlin und leitet dort den Arbeitsbereich »Politische Soziologie der Bundesrepublik Deutschland«. Ehe er 2017 an die Freie Universität Berlin wechselte, war er von 2009 bis 2012 Juniorprofessor für Politikwissenschaft, insbesondere Wählerverhalten, an der Universität Mannheim, sowie von 2012 bis 2017 Professor für Empirische Politikforschung an der Johannes Gutenberg-Universität Mainz. Faas ist Vorstandsmitglied der Deutschen Vereinigung für Politikwissenschaft (DVPW) sowie der Deutschen Gesellschaft für Wahlforschung (DGfW). In seiner Forschung beschäftigt er sich mit Wahlen, Wahlkämpfen und Wahlstudien; an der Schnittstelle zwischen Politik und Wissenschaft macht er zweiwöchentlich gemeinsam mit Erhard Scherfer, dem Parlamentskorrespondenten von Phoenix, den Podcast »Unter 3«.

Prof. Dr. Caspar Hirschi, geboren 1975, ist seit 2012 Lehrstuhlinhaber für Allgemeine Geschichte an der Universität St. Gallen. Er studierte Geschichte und deutsche Literatur an den Universitäten Fribourg und Tübingen und lehrte an der Universität Cambridge und an der ETH Zürich. Zu seinen Forschungsschwerpunkten gehört die Beziehung von Wissenschaft und Politik in Geschichte und Gegenwart. Er ist Autor der Monographie *Skandalexperten, Expertenskandale. Zur Geschichte eines Gegenwartsproblems* (Berlin 2018) und Co-Leiter der Expertengruppe, die derzeit für den Schweizer Wissenschaftsrat die wissenschaftliche Politikberatung während der Corona-Krise in vergleichender Perspektive mit der Finanz- und Fukushima-Krise untersucht.

Dr. Mona Krewel, geboren 1978, ist Dozentin für Vergleichende Politikwissenschaft mit dem Schwerpunkt Wahlen, politische Parteien und öffentliche Meinung an der Victoria University of Wellington (Neuseeland) sowie External Fellow des Mannheimer Zentrums für Europäische Sozialforschung (MZES) an der Universität Mannheim. Sie ist Mitglied des Vorstands der Deutschen Gesellschaft für Wahlforschung (DGfW) und Herausgeberin des *Journal of Election, Public Opinion and Parties* (JEPOP).

Prof. Dr. Wolfgang Merkel, geboren 1952, war von 2004–2020 Direktor am Wissenschaftszentrum Berlin (WZB) und Professor für Politikwissenschaft an der Humboldt-Universität zu Berlin. Er ist Senior Fellow am Democracy Institute der Central European University in Budapest und Mitglied der Berlin-Brandenburgischen Akademie der Wissenschaften. Er prägte maßgeblich die Debatte zu Systemtransformation, Demokratisierungsprozessen und Krise der Demokratie.

Dr. Olivia Mitscherlich-Schönherr, geboren 1973, ist in Philosophie habilitiert und lehrt philosophische Anthropologie an der Münchner Hochschule für Philosophie. Schwerpunkte ihrer Forschung liegen auf Grenzfragen menschlichen Lebens. Zuletzt erschienen von ihr die Bände *Gelingendes Sterben* (2019; 2. Auflage: 2021), *Gelingende Geburt* (2021) und *Das Gelingen der künstlichen Natürlichkeit. Mensch-Sein unter den Bedingungen disruptiver Biotechnologien* (2021).

Prof. Dr. Barbara Prainsack, geboren 1974, ist Professorin am Institut für Politikwissenschaft der Universität Wien. Dort leitet sie die Forschungsgruppe «Zeitgenössische Solidaritätsstudien« (CeSCoS) sowie die neue Forschungsplattform »Governance of Digital Practices«. In ihrer Arbeit untersucht sie die sozialen, regulatorischen und ethischen Dimensionen der Biomedizin und der Biowissenschaften. Ihr neues Buch: *The Pandemic Within: Policy Making for a Better World* (mit H. Wagenaar) ist im August 2021 bei Policy Press erschienen.

Prof. Dr. jur. Dr. theol. h.c. Heribert Prantl, geboren 1953, war Richter und Staatsanwalt in Bayern, wurde dann Journalist. Er war 25 Jahre lang Leiter der Redaktionen Innenpolitik und Meinung der *Süddeutschen Zeitung*, acht Jahre lang auch Mitglied der Chefredaktion. Heute ist er ständiger Autor und Kolumnist der Zeitung.

Viola Priesemann ist Forschungsgruppenleiterin am Max-Planck-Institut (MPI) für Dynamik und Selbstorganisation und lehrt an der Georg-August-Universität in Göttingen. Ihre Forschungsschwerpunkte sind Selbstorganisations- und Lernprozesse in lebenden sowie in künstlichen neuronalen Netzen. Seit Beginn der COVID-19-Pandemie hat sie die Ausbreitung von SARS-CoV-2 untersucht, die Wirksamkeit von Interventionen quantifiziert und Eindämmungsstrategien abgeleitet. Sie ist Mitglied des COVID-19-Expert:innenrats der Bundesregierung. Ihre Arbeit wurde vielfach ausgezeichnet, unter anderem mit dem Communitas-Preis der Max-Planck-Gesellschaft, dem niedersächsischen Wissenschaftspreis, der Medaille für naturwissenschaftliche Publizistik der Deutschen Physikalischen Gesellschaft (DPG) und dem Dannie-Heineman-Preis.

Gustav A. Horn
Gegensteuern
Für eine neue Wirtschaftspolitik
gegen Rechts

240 Seiten, Klappenbroschur
ISBN 978-3-96289-074-2
20,00 € (D) · 20,60 € (A)

Strategien gegen den Rechtsruck

Die AfD scheint sich fest in der deutschen Politik etabliert zu haben. Bei der Diskussion über Gegenstrategien geht es meist darum, ob und wie man mit den Funktionären der Partei und ihren Wählern reden soll. Aber reicht das? Drücken sich in der Attraktivität rechtspopulistischer Parteien für viele Menschen in Europa nicht tieferliegende gesellschaftliche Probleme aus? Und wie lassen sich diese angehen?
Gustav A. Horn meint: Jahrzehnte neoliberaler Politik und das Versagen der sozialdemokratischen Parteien haben den Boden für den Rechtspopulismus bereitet. Und er zeigt konkret, wie ein Politikwechsel aussehen muss, der die Demokratie stärkt und unser Land in eine soziale und ökologische Zukunft führt.

www.christoph-links-verlag.de

Michael Seemann
Die Macht der Plattformen
Politik in Zeiten der Internetgiganten

448 Seiten, Festeinband
ISBN 978-3-96289-075-9
25,00 € (D) · 25,70 € (A)

Plattformen sind mehr als Unternehmen, sie sind die Herrschaftszentren unserer Zeit. Facebook, Google und Amazon ersetzen Marktplätze und öffentliche Räume, doch sie entscheiden darüber, wer sich dort aufhalten darf und welche Regeln gelten. Von Staaten sind sie kaum zu kontrollieren, sie agieren selbst wie welche. Mehr noch: Plattformen stellen gängige Konzepte von Kapitalismus, Eigentum und Demokratie in Frage. Michael Seemann zeigt, was Plattformen ausmacht, woher ihre Macht kommt, wie sich mit ihnen umgehen lässt und welche Zukunft sie haben.

»Ein großer Wurf. Endlich gibt es dieses Buch.«
Bernhard Pörksen

»Michael Seemann gehört zu den sehr, sehr wenigen Leuten, die die Digitaldebatte in Deutschland auf ein internationales Niveau zu hieven vermögen.«
Sascha Lobo

www.christoph-links-verlag.de

Andreas Speit
Verqueres Denken
Gefährliche Weltbilder
in alternativen Milieus

2. Auflage
240 Seiten, Broschur
ISBN 978-3-96289-159-6
18,00 € (D) · 18,50 € (A)

Sie gehen für »die Freiheit« auf die Straße: Bei den Querdenken-Demonstrationen und Corona-Protesten laufen Impfgegner:innen neben QAnon-Anhänger:innen, Esoteriker:innen neben Rechtsextremen, die Peace-Fahne flattert neben der Reichsflagge. Dieses Miteinander kommt jedoch nicht zufällig zustande. Wer sich für den Schutz von Natur und Tieren einsetzt, vegane Ernährung und Alternativmedizin bevorzugt, seine Kinder auf Waldorfschulen schickt oder nach spiritueller Erfüllung sucht, muss nicht frei von rechtem Gedankengut und Verschwörungsfantasien sein. Andreas Speit zeigt, dass in alternativen Milieus Werte und Vorstellungen kursieren, die alles andere als progressiv oder emanzipatorisch sind.

»Speits Buch ist wichtig.«
Philipp Schnee, Deutschlandfunk Kultur

www.christoph-links-verlag.de

Felix Ekardt
Kurzschluss
Wie einfache Wahrheiten die Demokratie untergraben

192 Seiten, Broschur
ISBN 978-3-86153-962-9
18,00 € (D) · 18,50 € (A)

»Vernunft ist nicht der Feind,
sondern der Grund der Freiheit.«

In einer immer komplizierteren Welt sind aktuell Kräfte auf dem Vormarsch, die einfache Wahrheiten und Lösungen versprechen. Doch nicht nur Populisten und ihre Anhänger, sondern wir alle tragen latent die Neigung zu vereinfachten, verzerrten und bequemen Ansichten in uns, auch die intellektuellen Weltverbesserer. Nur werden wir mit einfachen Wahrheiten die Probleme einer globalisierten Welt nicht lösen, sondern dramatisch scheitern. Wenn wir Uneindeutigkeit und Komplexität nicht aushalten, hat die offene Gesellschaft dauerhaft keine Chance. Felix Ekardt lotet in seinem neuen Buch aus, wie wir Vernunft und Demokratie langfristig fördern und bewahren können – und warum sie in der Gefahr stehen, eine historische Ausnahmeerscheinung zu bleiben.

www.christoph-links-verlag.de

Ch.Links

Oliver Schröm
Die Cum-Ex-Files
Der Raubzug der Banker, Anwälte
und Superreichen – und wie ich
ihnen auf die Spur kam

3. Auflage
368 Seiten, Broschur
ISBN 978-3-96289-123-7
18,00 € (D) · 18,50 € (A)

Es ist der größte Steuerraub der Geschichte: Über Jahre ließen sich Banken und reiche Anleger mithilfe skrupelloser Anwälte Steuern vom Finanzamt erstatten, die sie nie gezahlt hatten. Mit anderen Worten: Sie stahlen unser aller Geld. Allein in Deutschland beläuft sich der Steuerschaden durch Cum-Ex und ähnliche Betrügereien auf circa 36 Milliarden Euro, in elf europäischen Staaten und den USA sind es insgesamt etwa 150 Milliarden Euro.

Oliver Schröm deckte die schmutzigen Investments von Finanzjongleuren wie Carsten Maschmeyer auf, enthüllte Olaf Scholz Verstrickung in die Cum-Ex-Affäre von Deutschlands größter Privatbank, und er rief die internationale Investigativkooperation »CumEx-Files« ins Leben. Hier erzählt er exklusiv von seinen oft abenteuerlichen Recherchen, bei denen er selbst zum Gejagten wurde. Ein Wirtschaftskrimi und ein Sittengemälde zugleich.

www.christoph-links-verlag.de